地理
山水

風水秘録

西岡玉全

西園玉金原著
司天館主校補

地理山水

增訂

風水祕錄

司天館藏版

自序

夫人の富貴福澤あるハ天道の扶地靈のまもる所なり吉アあるハ富る有貧きあり貴きれあり賤きありすハ天道に逆てハ地靈ハ悖まよまれのよし天にさかひて君父に不忠孝ならハ地に悖るハ世人に背く故いわや上へ

殺いし下なる構へてこそ我てる也よ時ハゝハ
いよ〳〵憂しーらありて地理の好穴なる
選居なる卜まる時し福寿ましく今ゝ
へしよしい風水の理ハ清らしく甚
勇らーりくすて当世なる時はしくこゝい
本よ陰陽無なる形る穴てるらす時
風水の法を龍穴砂水の四ツの外

秘傳なりしを御たて　又抱朴仙のよく〱
右の書を九州先生して義を詳らかにし
古代傳来の秘法を奏し　數への巻を著し
山信地理全書となづけ　先師苗村老
人に書を愛読して世にひろくてぞと
欲する年遂に空しく秘のよみかこゝろ志を継
すゝめりつきも　彼書廣傳めて　朝夕に解

すること不能後に其要をとらへて九牛ノ
一毛を抜此冊ヲ著述し風流ノ採録し
読あらあらく才術故をもつて世人をさとらしむ
うるハ隠徳なりめでたし又其をさとる
御しするてとうるはし予之妻文をおこすわたし
状する所抵情を後のぬしにすく

西岡玉全題

增訂地理山水風水秘録目録

卷之上

卷之中

標註備考圖解目錄

卷之上

卷之中

避レ惡殺 立レ哇 起レ玉尺 穿究 定レ淺深

起レ寸白 辨レ土石 考證應 透山光 考レ制度

放レ溝水 嫌レ衝破 論宜忌 金井布氣控 制

造溝 文官 晩生 出醫 僧道

旺丁 少丁 婦不レ生 損レ少 孤寡

孝順 不和 不孝 誣賴 反目

淫亂爭風 戀酒 雜居 温疫 瘋病

癩頭 癆○心痛 哮病 黄腫 痔漏

顛狂 惡瘡 多憂

卷之下

產難 產死 死宅長 卒死 窆府

被火 被賊 損蠶 鬼怪 怪夢

總目録終

龍穴砂水説

標註備考

○堪ハタユル也輿ハ載ル也地ハ廣大ニノ萬物ヲ載ル故ニ云フ

○龍ト云ハ山ノ一体ヲ云フ

○穴ト云ハ吉地ヲ云フ

○砂ト云ハ其地ノモヤウヲ云フ

○水ト云ハ山ニテハ流水家ニテハ井戸ノコトナリ

○穴星ハ穴ヲ以テ星ニアツル也

○穴情ハ穴ノ心也

地理山水 風水秘録巻上

◉龍穴砂水釋名總説

堪輿之説槩而言之不過龍穴砂水四法而已然言龍則有祖宗父母枝幹主從退卸博換過峡穿田等法言穴則有穴星穴形穴情大極圓暈羅紋土宿等法言砂則有前朝後座左龍右虎官鬼禽曜捍門華表等法言水則有來源水城明堂等法使不一一釋明于前則不特不能入道且不解説古人書矣余于龍法則括之

○大極ハ穴ヲヒツクルメテ云ナリ
○退卸博換ト云ハ山ノ勢次第ニカハリユクヿナリ
○過峽ハ山勢、山ノハザマヲスグルヿナリ

以星辰枝幹形格化氣四種于穴法則括之以正形正象奇形怪穴二種于壟法則括之以正壟開鑿堆培二種于砂法則括之以結作砂用砂秀砂三種于水法則括之以配龍水明堂水城三種四法各為專部竝不自立議論但取古仙最精最妙真知實見之説疏明于下使人由此而了明山川之真性情真結作其人久久得悟自能豁然于心了然于目覓龍求穴探囊取物始信地理之

○穿田ハ田ヲスギテユクヿナリ
○羅紋ハ穴ノモヤウナリ
○土宿ハ穴ノ土ノ法ヲ云フ
○官鬼ハ南北ノヿナリ
○禽曜ハケモノヽカタチ也
○捍門ハ砂ノ左右ニ大石二本立テ門ニ似タルヲ云フ
○華表ハ同石一本立ヲ云ナリ
○來源ハミナモトナリ
○水城ハ水ノツモ

果有一眞道也今將諸部名目先釋于下以便讀後之諸書云

●星辰　未入山而先見者山之星辰也故先言星辰星辰不一有五星有老九星有天機九星有六府星五星者金水木火土也金頭圓而足闊木頭圓而身直水頭平而生浪平行則如生蛇過水火頭尖而足闊土頭平而体方五星歌曰金似覆釜兼仄月木星頓笏無差別水似生蛇腰帶同火星菱角犁頭鐵

ルトコロ也
○明堂ハ水ノマンナカナリ
○開鑿ハ土ヲホリヒラク法ナリ
○堆培ハ上ヲツミアゲル法ナリ高地ハ開鑿ニヨロシ高地ニ高ク作レバ巘レル理ナリヒクキ地ニハ堆培ニヨロシヒクキ地ニヒクク作レハ水タマル理ナリ
○砂ト云フハ地面ヲトル・モヤウナリ
○専部ヲナストハ龍ハ龍ノ部ニアリ

土如厨櫃或覆盆此是九星正体結五星高大者曰衝天木聳天火湊天土巘天金漲天水其矮小者更有種種名色如梭子金蛾眉金倒地木交枝木等類不過因形立名不必過求但要認得是某星便可也老九星者貪狼巨門禄存文曲廉貞武曲破軍左輔右弼貪狼即正木星巨門即正土星禄存乃土金兼体形如頓鼓脚如瓜瓞文曲即水星如足練生蛇廉貞乃數火連座頭尖而燄

星辰　　六府星

水ハ水ノ部ニクワシクアルナリ
○辰ハ十二辰ト云テ十二支ノヿナリ故ニ辰ノ字ヲ時トヨム但シ星辰ト二字熟シテ星ノヿ也
○瓜瓞ハ瓜ノ蔓ナリ四方ヘ脚ヲヒクヲ云フ
○天馬屏風トモニ物ノナラブカタチナリ
○六府星ハ山ヲ見ルノ第一ノ法ナリ此六府ヲ生スル山ノ下ニハ必ス大地アリテ繁昌スルナ

帶石稜層武曲即金星破軍形如走旗
頭高尾下金頭火脚飛揚如劍戟左輔
形如幞頭乃眠体。作護之星右弼爲隱
曜無形象乃來龍過峽串田平坦無脊
處及平地是也老九星歌曰貪狼頓笏
笋初生巨門天馬屏風列文曲併來似
柳枝惟有祿存猪屎節廉貞梳齒挂破
衣武曲饅頭圓更尖破軍破傘拍板同
左輔幞頭無別法天机九星者太陽太
陰金水紫氣天財天罡孤曜燥火掃蕩

リ京ノ愛宕山巌山駿河ノ冨士山ノ如キ是ナリ又六甲山ノ大坂守護カ如キ皆其山ノ位ニ應ズルナリ故ニ山ヲ見ル法ハ先ツ六府ヲミルナリ一ツノ小山ノ庭相ヲミルニモ此心得ニテミルベシ又人身ニテモ頭面ニ贅ナドアルハ福相トスルナリ此レ冨士山ニ宝永山アラハレタル形チナリ
冨士山ハ水星ノ祖山六府ナリ大吉ト

太陽乃高金太陰乃扁金金水乃金水兼体一頭兩肩紫氣即木星天財即土星有平脳雙脳凹脳三体天罡乃金頭火脚頑惡高大之金孤曜不方不圓土金兼体頑鉋肥蠢之星燥火即火星掃蕩乃多紋多浪凹凹凸凸多曲多蕩之水星也天机九星歌曰金星高扁別陰陽紫氣即是木星詳頭圓肩聳名金水天財土体三様装天罡頑金脚掩火孤曜頑鉋不圓方燥火火星掃蕩水九星

ス情有ヲ妙トス若シ情ヲ不得ハ守護スルコナシト知ルヘシ

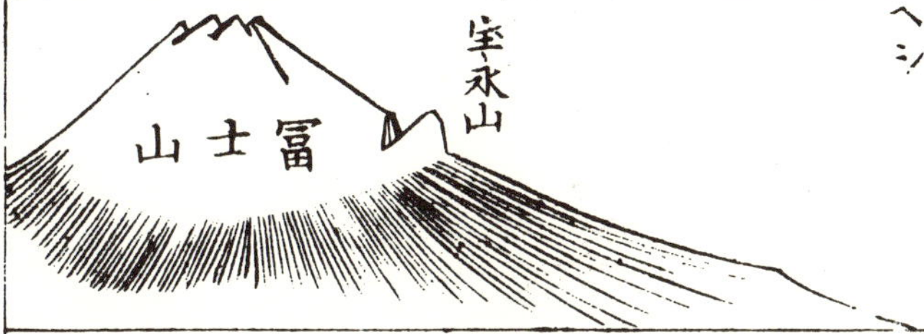

揚廖各分張六府者太陰太陽紫氣月孛計羅是也又名六曜又名三台此星非尋常易得乃高清之氣所生生于大山頂上乃太山平處生起小星峰是也小扁金曰太陰小高金曰太陽小木星曰紫氣小水星曰月孛小火星曰羅小土星曰計或一個或三個二個大貴一個亦大貴凡遙見此星便可決此龍有大地此星古今人識者罕論者亦甚少惟楊公論于撼龍破軍篇吳公望龍經

宝永山ハ宝永年中ニ出現ス枝龍ノ六府也大吉トス左輔星ノ守護ナリ

愛宕山ハ幹龍土星ノ六府ナリ大吉トス情ヲ受ルヲ妙トス情ナキ地ハ守ルコトナシ

亦論シ及他書ニ不見也

五星圖　山形石形

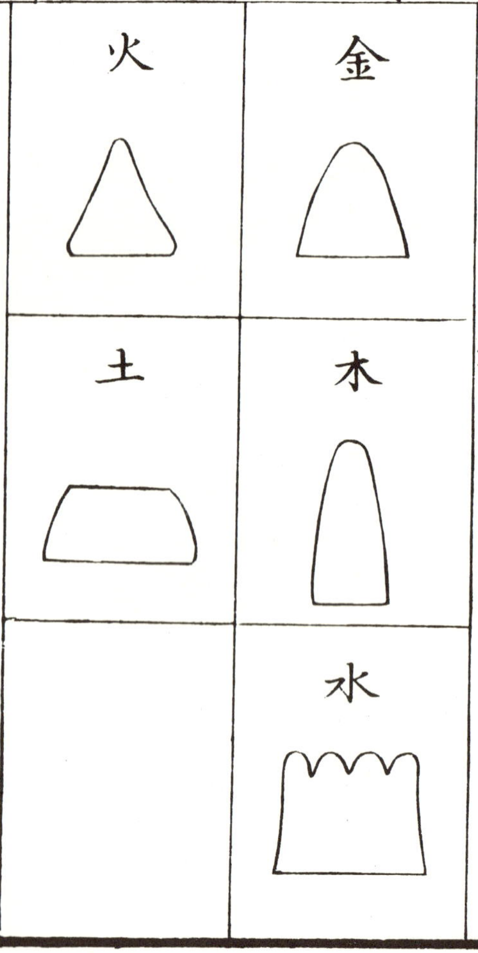

老九星圖

比叡山

比叡山幹龍ノ金星
左輔六府大吉ナリ
情ヲ得ルヲ妙トス
情ヲ得ヌ地ハ不守

天机九星圖

○腦ト云ハ人ノ身ノ膩ナリ骨ノ中ニアルヲ髓ト云ヒ肉ノ中ニ在ヲ腦ト云フ腦ハ頭ノ皿ノ中ニ在ルアブラナリ髓腦ト熟スル字ニテ人ノ身ノ主トナルモノ也

○玉髓洞玄ノ二書ニハ九星ヲトラズコレハ先ニ取リシ人アル故略セルナリ若五星ニテ事タルナラバ何ブ九星ヲトランヤ若此法ウタガハシクハ門ヲイデヽ山勢ヲ見

六府星圖

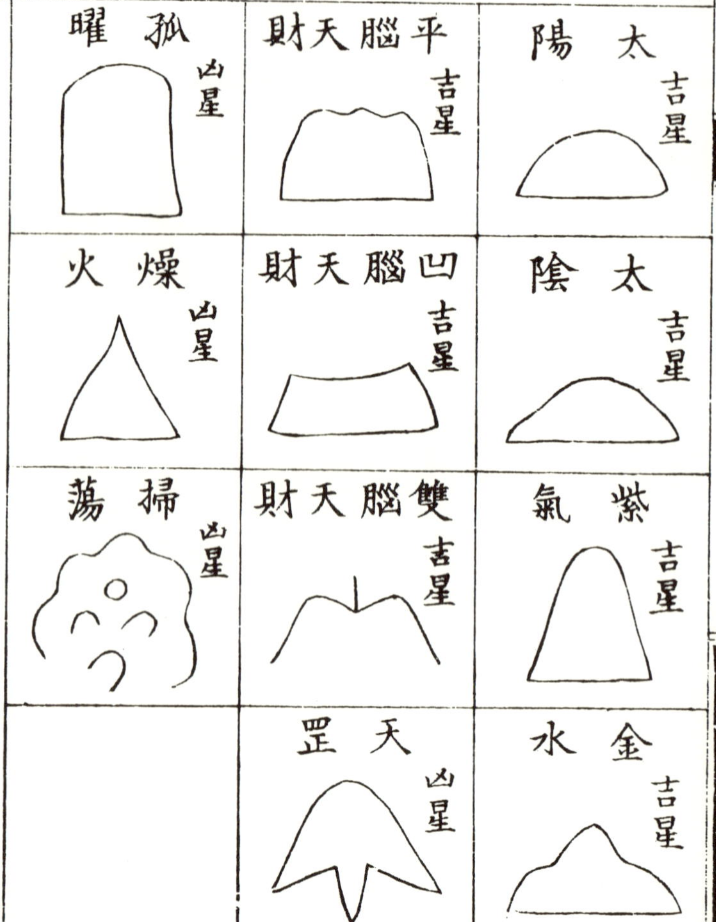

ルベシ諸山五星ノミ有ンヤ九星ノ体ヲホキ之ト云ヘリ
○山ハ本ト一水星ナリ山ノカタチハ波ノコトシ本ト大海中ニ大地出現セシモノナレバ諸山ノ形勢波ノウチヨセシマヽ成ンモノナリ

第一吉星

大山上另生一小山者是

六府星係望龍第一妙竅一見龍生六府便可決此下有一二大地即小枝龍有此亦大貴地蓋此星乃龍藏最清最貴之氣所發現故也今人皆置之不談焉能望龍知地乎

抑知玉髓不論九星乃洞玄欲另立一門戸之説九星既為古人論過故彼不

山形如水

右山ハ一体水ニテ其中ニ又五行ノ形ヲアラハスナリ故ニ各々星ノ名ヲ命スルナリ

○龍法ハ山ノ一体ヲ云フ

○枝ハ山ヨリ小山枝ニナリ出ルヲ云フ

取九星也若五星足以盡龍法則古人豈好此多端哉惟五星不足以辨龍故推出九星耳不信試出門觀山萬山之中有幾座正體五星耶問凡一羣山遠而望之如波如浪皆成水星何也曰兩間之中惟水最大其氣最盛故山川皆成水星天一生水水為五行之始氣萬物皆禀于水水者山之本氣也分而觀之則其中之圓者為金方者為土長直為木尖鋭為火合而觀之則其成一水

○幹ハ元山ナリ此山ヨリ枝山ワカルヽナリ
○脱卸ハ本山ヨリ次第ニ氣ヲウケルヿ換リ來ル勢ヲ云フ
○剝換ハ元山ヨリ氣カハリカヱ來ルナリ

星也

◉龍法枝幹脱卸剝換格局胎伏　　枝

幹者辨龍之第一義也從太祖上辨枝幹則知大幹大枝從小祖上辨枝幹則知此一枝之幹之枝也幹龍力大福厚枝龍自然不及地之大少幹枝一辨立決也幹龍多從中行枝龍如左右手兩邊護送兩水夾盡為幹亦有幹從一邊走而枝龍俱分在一邊其一邊幹則愈行愈有力而一邊之諸枝俱短縮不能

長遠此等幹龍由此一方有兩個祖山其幹靠在兩界上走故如是也枝是幹之傍分邊輕邊重止收得一邊水觀收水而幹枝分矣又有枝中幹。枝中枝。枝中幹者。雖止收得一邊大水而自已祖宗另起一帳帳下之水。齊合于面前而兩傍之砂皆護水入局枝中枝者。不過小分下枝止收得一邊小水上堂一賓一主有情之小結而已。太幹如人身之臍腹枝中幹如人手之中指枝中枝如

○大幹ヲ得レハ大貴人ヲ出ス
○小祖中幹ヲ得ルモ中品ノ貴人ヲ出ス

人手之大小指也大幹ハ為郡縣將相之龍枝中幹ハ有格者亦可至二三品須看其格之高下而分之也小枝則不過財丁耳

◉陰陽

陰陽者地理家之神髓了得此二字則觸目便通無餘事矣蓋地理之通不過陰中求陽陽中覓陰而已凡龍穴砂水四者俱要辨其陰陽而論峽論穴尤緊將次論峽與穴故于此先辨明焉但陰陽有楊廖二說兩家相反楊ハ

峽ト穴ノ圖大概如此ナリ

○陽公廖公二人ノ說相反ス故ニ別ニ圖ヲ出シテ解ス

以龍之高峻起脊瘦勁為陰以穴之覆掌乳突為陰以砂之突背邊為陰以水之長狹急流處為陰陰者剛而雄也以龍之低平坦夷肥潤為陽以穴之仰掌窩鉗為陽以砂之曲面邊為陽以水之圓潤澄聚處為陽陽者柔雌也龍要陰陽間行陽龍要陰穴陰龍要陽穴穴要陰內含陽乳突上開凹陽內生陰當鉗內生突砂要陽面向穴陰背當風水要陽聚面前陰作來源去口此則為陰陽

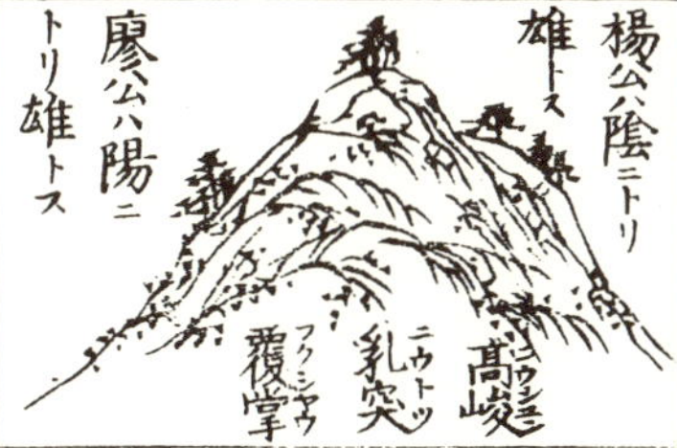

楊公ハ陰ニトリ雄トス
廖公ハ陽ニトリ雄トス

楊公ハ陽ニトリ雌トス
廖公ハ陰ニトリ雌トス

相生牝牡交媾始為生氣也大抵陰剛則帯罡殺陽柔則恐散漫故不宜偏勝但作穴之場則喜陽多陰少主星宜開面舒陽不宜頑罡四砂俱宜陽面向穴不宜反背明堂宜平圓忌直狹水宜澄聚忌直射立在穴中滿目俱見陽氣為吉若一處見陰便是刑殺宜避也廖公以剛雄為陽柔雌為陰故與楊公之論反用法實不相遠也讀二公書者宜分辨觀之　楊以柔夷為陽為雌剛急為

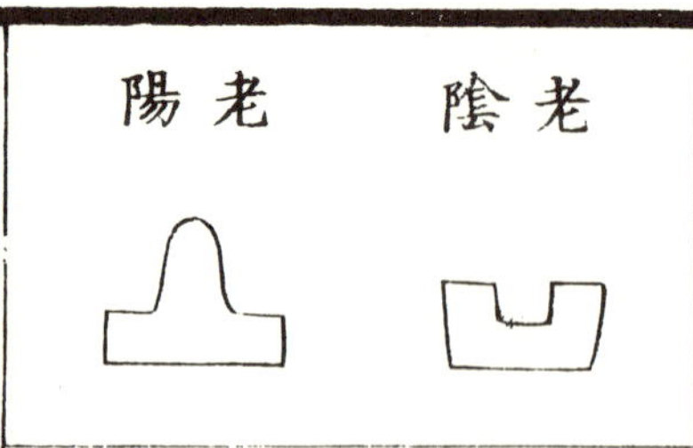

陰為雄廖以剛雄宜為陽柔雌宜為陰故反楊說廖說不為無理但其所見膚淺耳朱文公曰天之道陽剛而陰柔故陽雄而陰雌地之道陰剛而陽柔故陰雄陽雌天地二道相反者也廖公不知天道地道之不同將地理但以天道陰陽論故云爾也楊說是萬世不易正論如天下平地曰平陽豈曰平陰乎

○廖公以凸起為陽凹下為陰其論四象取胍息窟突四者為老陰老陽少陰

少陰

少陽

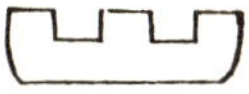

右廖公ノ説ナリ多用ノ者也

生氣ト云フハ言ヲ以テ傳ヘカタシ譬ヘヲ以テ云ハヽ男女媾交メ子ヲ生スルカ如シ其子ヲ得ルト得サルトハ生

少陽窟者窩凹也為老陰突者垂泡也為老陽胍者突上之微凹曰為少陰息者窟内之微突為少陽其胍字音孤乃腹上之臍是也

◉生氣

生氣者地之主毕不過乘生氣而已生氣者從陰陽交媾水火既濟中出者也一有偏枯生氣便絫故察生氣為第一義也生氣不可言傳止可目識識得生氣則不必能認星辰分枝幹察穴情辨砂水而為人下穴決無不當

氣ヲ得ルト得ザルトニアリ媾交スレハ必子アルノ理ナレトモ時トシテ得メ一アリ此意ヲ以テ生氣ヲ求ムベシ土石ハ光リアリ潤ヒ有ルヲ貴フ草木ハ茂盛ヲ貴ブ水中ハ暈アルヲ貴ブ生氣ハ花ノ未ダ開ガ如シ發生ノ氣ヲ含ムナリ

○猶釋氏ノ有禪ト云ハ釋迦如來蓮華ヲ捻リ諸弟子ニ示サレタレトモ大衆其意ヲ悟ラズタヾ迦葉ノミ其意ヲ悟

何也蓋種種等法不過為求生氣而設既得生氣則諸法原可不論矣吾嘗言生氣一門猶釋氏之有禪單刀直入便得佛頂三昧更不必置片言隻字者也但生氣二字古經罕言惟郭氏發之司馬頭陀論之餘仙俱不説及非欲言難言也雖然生氣不可言傳今既言生氣吾且姑言之生氣之所在其形色土石亦有可見者其形則生動而不蠢死其色則光彩而不暗晦其土則堅潤而不

リ微笑セラレタリソレ故禅法起ル心ヲ以テ心ニ傳ル宗之○単刀直入ト云ハ九寸五分ヤウノ刀ヲ持敵ニ飛付殺スヿヲ云ナリ已カ「コロサル、カ」敵ヲ殺カト付入ノシワサナリ○佛頂三昧ト云ハ佛法ニ心ヲ打コミワキヒヲ見ス行住座臥離レヌヲ云風水ノ玄理ニ打コミ外ヘ心ヲマヨハサヌヿ之○片言ハヒトコト、云ヿ隻字ハ文字半分ト云ヿ

鬆散其石則細膩而不燥燄此其可言者也與不可言者亦可從此而漸明凡龍有生氣則吉穴有生氣則眞砂有生氣則有情水有生氣則澄聚故生氣為要也堪輿者能認生氣則地理無餘事矣

◉乘生氣說

水火之煖潤融為生氣其充行者固在在充周然葬必求其止聚之處而後可以乘得之但生氣藏畜於内無形可見將何以知其止聚而求

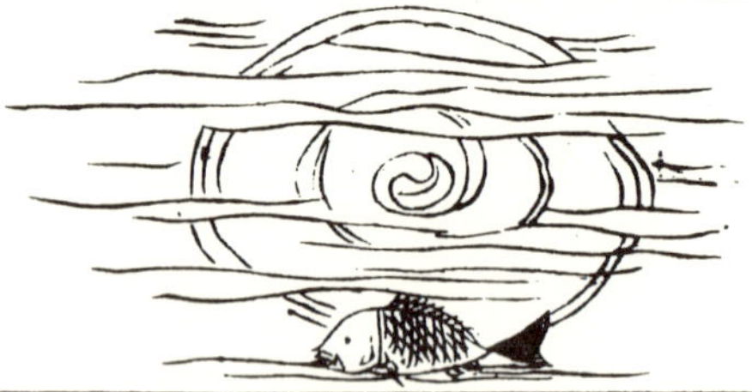

之與抑知誠中必形外見外可知內生氣所聚之處其上必有動氣動氣者何卽凹突之穴暈是也生氣灌於下暈形現于上如魚在水中一動其水上自成一暈見暈可以知魚也故欲知生氣須精熟暈法

○水火者山之精神也土金者山之體質也木者其精神發現于體質者也故見土石鬆散草木焦枯之山便知其精神不足焉有生氣

朝案圖

○山體不化毫無變動者止有流行之氣却無止蓄之氣惟可行龍不可求穴故成穴之山自然變動必成凹突之太極圓暈

◉前案遠朝

案者近穴之對山朝者案外之遠山也朝山亦曰應星取其與穴相應之故也穴有有案無朝者有朝無案者有朝案俱足者有朝案俱無者無者只以明堂為主此不具論今且論有朝案者朝案二者以案為緊朝次之

八殺水之圖

○水割龍穴之脚割ト云フ也

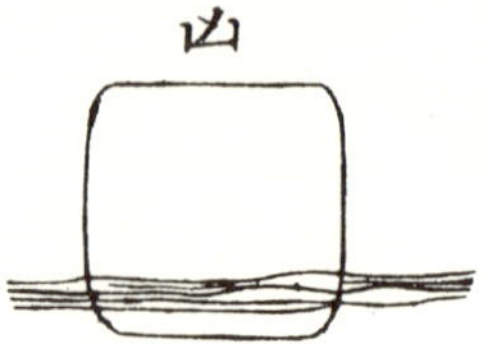

○反弓向外ヲ返ト云フ

案者主山之賓也既有好主必有貴賓要開面有情端正可愛為上若反背擁腫粗頑醜陋則不吉矣縱穴結果正不能出貴且必有不足也若遠朝但要尖挺秀麗便為貴徵方圓次之破碎歪斜則不足也

○殺有八曰仰返牽潜激割冲射仰者穴低水高瀑面而來也返者反弓向外牽者穴前直去無關也潜者明堂低深水流干中從底滲去也激者水口相激

穴聞惡聲也割者水割龍穴之脚也冲者大水面前直冲至穴也射者直挾之水冲射穴星也水雖有八殺然眞龍結穴必有上砂蓋來不使客水入堂其八殺者大抵非好龍結也

◉望氣

望氣者望山川所升之氣以辨其龍之結作也太祖之上于夏秋之交雨霽之後丑寅時必有上升之氣宜于此時望之氣之發從山巓直起冲上下小上大如傘此為眞氣若横于山腰

凶
穴低水高

凶
潜ハ中凹ノ地也

凶
大水沖圖

者乃雲霧之氣非真氣之發也氣清奇者貴肥濁者富端正者出文偏斜者出武亦赤黄為上青白黒次之其詳具天機素書

◉嘗水

水味可以知地脉之美悪故有嘗水之法平陽平崗不出澗水須嘗其井泉高山則嘗其溪澗須于多晴後嘗之老山之中難以登臨須逐澗嘗其水香甜則此上有好穴若水淡無味其中不結穴也凡水以香為貴甜為富厚

望氣圖

人丁甜而帶辣則出武貴若味帶酸苦皆不為吉之所也又水喜清忌濁冬宜温夏宜冷為妙論詳于後昔呉公嘗朱夫子祖地有輪墨香為朱氏扦此地斷曰當出一賢人聰明如孔子歌香水碧香甜定出貴便有大地居此處初口甜時吸口淡貴氣已過何足疑大地恐被人葬了陰陽山水俱相應初飲香時再飲甜富貴他年當有應初喫甜時開口呑含唇似辣為君分先出武臣後出富

武藝人精高門入口旋含閉口苦豈有
賢家居此上含呑香甜吐酸澁一去一
程神廟主下手沃水清且香儼冬掬水
如溫湯滴在水面滄滄嚮此去數里龍
潛藏水若冷時腥在手鐵鑛銅山燃不
朽六月淡時發氣鍍其鄉富貴那能久
山高水碧神仙處平洋碧水公候居白
水流時寺觀臨清白交流文兼武井水
紫白生文儒水浮紫氣公候位白氣起
時生孝子忠臣烈士一同推水浮黃氣

○初メ水ヲ口ニ含ミ見ルニ甘ク覺ユレトモ後ニハ水クサク覺ユルハ大地ナレトモ先ニ其氣ヲ人ニトラレヌレハ事已ニ去リテ吉ナシ
○甘キハ富貴ニメ人丁多シ
○甘メ後辛クヲホユルハ武家ノ人出ルナリ
○酸クメ苦キハ凶ナリ
○水青キハ山中ニテハ仙人ヲ出シ平地ニテハ貴人ヲ出
○水ノ色白ケレハ

風吹寒紫烝横波堆滿瀾及有貴氣横
其間三年此間生將相富貴金銀堆如
山良辰莫認溪頭氣亦恐濕霧浮其間
漱君請把茶飄試浮漚裏面不須看清
澄蕩漾任爲貴不是淡蕩盈齒酸君如
抱病莫嘗水口舌苦酸不可飡若能識
氣知水味砂水龍神只一般漱君都郡
尋水法不比山源是等閑

◉辨土石

天機素書曰夫腰耳腦乘
氣有異而水土石結穴亦殊穴結水中

寺ナリ
○紫色ハ貴人ヲ出ス
○白色ハ孝子ヲ出ス
○茶碗ノ中ノ漚ヲ以テ右ノ氣ヲ試ルナリ
○石山ニノ土ナキ時ハ旺方ノ土ヲトリ葬ルナリ是ハ葬地ノミニアラズ家ヲ新造シ藏ヲ建ルニモ其吉方ヲ用テ土ヲ取リ地ニ布テ建ヘシコレヲ併土ノ法ト云フ大吉ナリ土ノ色ハ紅黄白

用土築成而塟古來只有無錫華氏祖地地名鵝肫蕩此外無間則亦不得言水中無穴也至石穴在在有之不可勝紀何今人言石非穴也土石砂三者氣到俱能成穴石穴最清貴有力量土穴次之砂土為下凡石要細膩可鑿土要堅實難鍬石而剛燥土而鬆散皆不為吉色要紅黄白為上青次之黒為下然以質為主色次之質若堅實細膩光澤即青色亦是好土若鬆散虚浮即紅黄

ヲ用ユ青黒ハ尅色ナレハ不用土ノシマリナキハヨロシカラス潤ヒ有テ能クシマリアルヲ吉トス石モ潤ヒアリツヤ有ヲ用ユ片メアリ潤ヒナク光ナキハ不用ナリ
○其石ノ氣ツキナ土ノ氣ハ未タ來ズ地ヲ誤ルヿナカレ石ノ氣ハ尽テ土ノ氣ハ來ルニ遠キ間ノ故凶ナリ
○山上ノ土ヲミレハ穴中ノ土ノ色シル丶也

亦不吉矣
○廖金精曰塟經謂石之不可塟者謂其堅確磽薄若分片段然者生氣不存不可塟也此特碏礐嵯峨嫌干燥燄㐫磈利刺真可懼矣若渾淪成質五吉現形誠吉塟也蓋生氣潛藏何堅不存況石乃地之骨豈有有骨而無髓者哉又曰環會之山多是石體而中有一枝具土成星作穴亦不廢其貴貴亦清也環會之山多是土體而中有一枝土石參

○妄誑シテ他ヲ容ズトハ外ノ學者ヲソシルナリ
○止言土色ハ學文ナキユヘ見ヤスキ土ノ色ハカリヲ言テ人ヲ迷ハスナリ
○大山ト小山トハ土ノ見ヤウカハルナリ大山ハ土ノ色古クナリタルモノノ色アシク見ユルコヘウワカハノ土也小山ハ山アサキユヘ土ノ色ヨクミユル也大山トハ小山ニテ土ノ見ヤウチカフ也

錯成星作穴亦不廢其貴貴而富也蓋石乃肋骨之類土為血肉之用肋骨之類性情清逸血肉之用性情重濁又曰山之質土石二者而已非石不立非土不且但其出面有偏全耳星體既吉生氣潛藏造化收斂雖純不皆吉塟也又曰土山石穴後龍穴星皆土體而成穴處乃純石固為石穴或穴星土石參半則穴掘循其石以石成暈石具氣亦具亦為土山石穴非迎合其石也玉彈子

○形ハ本ニテ土ノ色ハ次ナリ
○堀地方深サ一尺二寸トハ十二律ニアツル也
○龍怕ハ乾ノ方缺ナリ
○孤峯ハハナレタル峯ナリ
○獨樹ハ一本ノ木有ナリ
○傘破　崩ハアレ地ナリ
○家ノホトリニ水ノ声高クキコユルナリ
○過峡無缸ハ山ノ落合ニ勢ナキナリ

云亦有穴結石中鑿出無土旺方取土謂之併塟師口訣曰凡頑石塊石嘴青黒無縫不受鋤鑿則不可塟若可鋤可鑿石體細膩紅黄潤澤此穴土之剛者不得以為石而棄之也觀諸賢之言則石之可塟如此今人一槩棄之而時師只點于石盡氣絶之所以致敗絶良可歎也

○論土色塟書以細而堅潤而不澤及五土四備為美然地理以形為主形吉

○家或ハ墓ヘ水ノアツマルナリ
○硬直如鎗ハホソナカキ家ナリ
○帯鬼砂ハ山ノヅレ崩タル也
○一口ニメ支ハ表ロアリテ裏ロナキナリ
○石露牙ハ石高ナル地ナリ
○如死蛇ハ流水ニ勢ナクトマリナキナリ
○孤峯獨嶺ハ一ツノ離レ山ヲ見ルナリ
○凶神交并ハ艮坤

而土美則為上吉形若不吉不必論土形吉而土不美亦無害其為富貴也欲知穴中土色可于峽中看之峽中土何色則穴中亦是此土此色所謂來龍不脱來龍氣也

○凡世不知地理之人專好言土色蓋以星辰龍穴之法不容妄言而他又要説自明地理故止言土色下下庸人口無可言而只言土色以土色可動人又不須學問也况諸求地之人子多不知

離ノ水ナリ
○麁雄惡石ハ山上大石多キ也
○出身尖仄ハ地形高下多シ
○左右山反ハ兩山マモラズナリ
○攻前斜直ハ流水カコマズ直ニナカル、也
○深坑斷塹ハフカキアナホリアル也
○鬼神穢厭ハ神佛ヲ麁略ニスル也
○寺觀坐右ハテラ右ニアル也
○火城交劔ハ南方ニ水ノ落合ヲ云也

地理亦好土色之美凡嫩小枝龍山色潤澤者土色必好大龍大幹皺色老者土色多不好看此等形穴不必與無知之人指以其招謗惹議論也附廖公土色于下

○廖公云錦囊經謂欲細而堅潤而不澤不澤謂截肪切玉備具五色又曰乾如聚粟濕如剉肉水泉沙礫皆凶又曰陰陽沖和五土四備（四原本作兼言四者黒不顯也）註云得勢與形而土色不佳亦不貴也

○天池アル處ニハ必ス靈地ヲ結フナリ故ニ大社大寺ナドアリ若シ其天池カタムキ泄或ハ崩ルレバ其靈地タユルヿ必ナリ
○衛龍水ハ天池ニ似テ天池ニアラズ山中處々ニアラハレ又處々ニテカクル水ノ源モナク流ノ末モ知レズノ山中ヲマモル水ナリ
○天池ハ山上ニアリ或ハ一ツ或ハ二ツ三ノアリ其水流レ出ルヿナシ雨降

今按九州土壤不同而燥濕亦異難以槩拘多見形勢不吉而土色倶備用之者禍不旋日形勢自吉而土色不備用之者常臻富貴此土色之不必拘也
○穴之淺深土色可定其土浮散之土為土皮漸掘至堅細之土方為藏棺之所其堅細之下必變為剛硬粗濁之土乃穴底也不可掘此天定之淺深也附土色說于下
○凡卜陽基要辨上壤輕重旺衰辨土

リ水マセバ流レ出ルヿヲリ衛龍ノ水ハ常ニナカル、ナリ然レトモ流レテ谷川トハナラス何地ヘヤラ引込ナリ又末ニテ流レ出ルヿアリ
○衛龍ト天地トハ譬ハ天池ハ武官ノ如シ外ヘアラハレテ天下ヲ治メ守ルナリ衛龍ハ文官ノ如シ天子ノ左右ニ居テ守護スルナリ然レハ天池ハ見ユルヲ貴ビ衛龍ハ外ヘ見ヘヌヲ貴フ也

卜基古有成壙掘地方深一尺二寸粉
土羅之復還原圈内勿用按抑來早看
之若氣旺則土噴氣衰則土凹或用寶
斗量土平口秤其輕重驗其土之厚薄
毎斗七斤為下十斤為首如其中平厥
斤為九或用土四方一寸一塊秤之重
三四兩者凶五兩七兩居之自如九兩
已上大吉
◉二十二怕
龍怕入穴無主砂怕孤
峰獨樹砂怕如傘破崩水怕坎前濟聲

○遺体ト云ハ我身ハ父母ノ遺シヲカレシ身ナレバ我身ニシテ我身ニアラス親ノ形見ナレハ大切ニスベキナリ

○招魂ト云ハ死人ノ魂ヌケ出ルヲ呼モドスヿナリ真言家ニ其法アリト云ヘリ又儒家ニモ人死メ三日ノ間屋上ニ登リ魂ヲ呼フヿアリ文選ニ宋玉カ招魂ノ文アリ此處ハ先祖ノ霊ヲ呼ブ塋ナリ

○骨化為塋トハ其

龍怕ハ過テ峡ヲ無扛穴怕ハ臨墳ニ水聚砂怕ハ硬
直ニ如鎗水怕ハ衝破明堂ニ龍怕ハ帯フ鬼砂ヲ穴
怕ハ一口ヲ支砂怕ハ石露牙水怕ハ如死蛇ノ龍
怕ハ孤峯獨嶺水怕ノ凶神交并龍怕ハ麁雄
悪石穴怕ハ出身ヲ尖仄砂怕ハ左右ノ山反水
怕ハ坡前斜直龍怕ハ深坑斷塹穴怕ハ鬼神
穢厭砂怕ハ寺観坐右水怕ハ火城交斂ヲ

◉天池　高山ノ頂上ニ有リテ池水兩邊夾得
真龍行ヲ問君ニ高山何ツ生ス水此ハ是真龍樓
上ノ氣樓殿之上ニ水泉生ス水迹ニ落處ヲ兩邊ニ

山ノ霊ト一体ニナリ其子孫ヲ守ルナリ千年百代モ其子孫繁昌スルハ其骸骨霊山ノ土トナリテ山ト一体ニナル故ナリ

○山川秀麗来ルト云ハ山川ノ霊氣降テ子孫トナルカラハ冨貴ノ有ノ無ノト云フ論ニハ及バヌ常ニ繁昌スル也

○古人椄花ト云ハ實子モ養子モ其家ノ主トナレハ同ヤウニ其家ノ霊氣ノ守リヲ受ルナリ是

迎真龍卻在池中過也有單池在傍抱單池終不及兩池池若傾崩反生禍池平兩水夾又清此處名爲天漢星天漢天潢入閣道此星入相居天庭更有衛龍在高頂水貼龍身入深井更無水出可追尋或有滎泉如小鏡

◎問抱養及僧道嗣續疑龍如何　問

君墓者乘生氣骨骸受福蔭遺体此説尚有一可疑抱養之兒非己子僧道嗣續是外來如何却也能承繼與君詳論

搒樹ト同理ナリ
○後母却蔭前母兒ト云ハ前妻ノ兒ヲ後妻愛シ養ヘハ前妻ノ靈降テ又後妻ノ兒ヲ守ルナリ是先祖ノ香火ヲ大切ニスレハ先祖ヨリ守ルト同理ナリ前妻ト後妻トノ中ヲ恩ト愛トニテツナクヿナリ故ニ香火ハ人ノ信也信ヲ大切ニスレハ人ノ道立ナリ仁義礼智ノ四モ信ナケレハ皆ニセモノニナルナリ生親ハチカヘド

古人言擧此大畧非徒然骨侅受氣蔭遺体此論昭然不容議却將僧道并抱養辨論如何同已子此説誠然是可疑固宜窮理細尋推人家生出英豪子便是山川鍾秀氣山川靈氣降爲神神隨主者家生人此山此穴誰爲主郎隨香火降人身古人嘗有招魂塟招魂夫人可爲様招魂塟了祀事嚴四百年間漢家旺何抱骸骨塟親生只要祀事香火明亦有四五百年祖棺椁骸骨化爲土

陽宅陰地説

モ貴子ト同シク同氣ヲ受ル理ナリ論語ニモ愼終追遠民德歸厚矣トアリコレ香火ヲ大切ニスルト人ノコヽロ厚クナルト云フコトナリ

○陽宅ハ生人ノ住スル屋ノコトナリ陰地ハ墓地ノヿナリ

○水抱山朝スルハ氣アリテ吉ナリ

○小大ト云ハ少シ逆ナル事ニ用ル字ナリ大小トアレハ順ナルヿニ用ユル

子孫千百尚榮華人指此山是誰主此山此穴有主者神靈只向此家住山川秀麗來為嗣豈慮其家無富貴山川日夜在朝迎生出為人亦如是乃知抱養與親生同受生靈無以異古人接花接菓義與此相參非與提後母却蔭前母兒前母亦蔭後母子只緣受恩與愛養不同所生并同氣以此言之在繼承只要無香火衰替乃知招魂與抱子僧道相承皆類此

主客山圖

ナリ
○塟穴ハ側立スト云ハ九テ人ヲ塟ルニ中原ニハ塟ラサルヲ吉トス邊土ニ送ルヲ吉トス中原ニ塟レハ後ノ世ニ至リ家ヲ建タリ或ハ戰場ニトラル、「アリテ其墓ヲコホタル、ナリ
○兩方ニ同シヤウニ品字山アレハ何レヲ主トシ何レヲ客トモ分ラズバ水ノ抱方ヲ主山トスルナリ水ノ反方ヲ客山トスルナリ品

◉問陽宅陰地大小如何　問君陰陽有兩宅古人此事要分別呂才詳論有成書論已分明無別説要知居止只要勢水抱山朝必有氣忽然徒瀉朝對傾破碎斜傾非吉地下手回環朝揖正坐主端嚴無返柄縱饒小大也安和住得百年家業盛塟穴宜小居穴大塟穴側立居穴寛

◉問主客山疑龍如何　問君主客皆端正兩岸大同兩相映主是三山品字

字山ト云ハ同シヤウニ山ノ三ツナラブナリ

安客亦三山形一般客山上見主山好
主山上見客山端此處如何辨賓主只
將水抱便為真水城反背處為客多少
時師悞殺人凡觀疑穴看堂局堂局真
處抱身曲忽然平過却如何即以從纏
分鄉部屬纏送護托辨假真
○案山如笋插天青對面推來始是真
仄面成峰身直去與我無情似有情時
師見此多求穴下了乃知悞殺人
○凡欲求地觀大勢百里周圍作一穴

聞氣說

○真龍ノアル山ニハ間氣ト云モノヲ生スコレハ色々ノ吉相アラハルヽ也峯多クカサナリテ鐘ニ似タリ鼓ニ似タリ多クカサナリ出來ルナリ其地ニハ賢人生スル又關門ノ外ニ羅城アレ

其次二三十里間十里五里又其次大勢落地作一穴其外有情無空缺看他外山抱數重重數多時最妙絕此說在人心眼明心目不明皆誑說

○此言羅城包裹大勢也地之大小以包裹多少而分重數多者必是大地大龍凡欲知龍當先問水水來處即龍之起處也水之交處乃龍之住處也于是于水交之內尋其山環水抱明堂寬平之所則為結穴之所矣而水外山來作

バ大ナルヨキ國出来ルナリ
○案山如筝
是レハ吉山ナレ圧我ヲ守ラズ外ヘ向テイル也情アルヤウニテ情ナシ兎角我ニ向フカ向ヌカヲ見ルヘシ山ハ我向フテ有レ圧情カ外ニ向フナリ生氣ヲ以テ者ハシ形ヲ以テ考ヘカラス此ノ法地理第一ノ心法ニテ万事ニワタルナリ

外護外護環集則龍之住此無疑也龍既真住面前必有真朝真朝對處即真穴之所在也

◉形穴屬星縁

間君為地必有形不知形自何由生前篇言形必有種是此種類必同行飛禽走獸各有氣魚虫水族均情性車舟器服乃人造日月雲雷是天精不知山石無心物如何降穴却成形與君訣破此疑網天地絪縕萬物生方其混沌雖未判萬象渾然已稟成

求地觀大勢說

○是地ヲ見ルノ大法ナリ大地ハ十里アマリノ間ニテ取ル小地ヲトルニハ三里四里ノ間ニテ地ヲヱラビ取ナリ唯羅城多キ処ヲ吉トス三都ナトニテモ中ヲ吉地トスル也ソレハ外マハリノ地羅城トナル故也右ノ里數ハ日本ノ里數ニ直シテ云也

○水モ山モ直ニ来リ直ニ去ルヲ忌ナリ兎角カヘリミルヲ吉トスカヘリミ

羅城包裹

譬如胎卵與濕化已有飛動走植形陰陽融結為山水品物流形隨寓生堅形也有隱在石軟形時復寓于水山川在下星在上同此一氣無兩様自然形氣融結成在地有形天有象凡有形者因氣凝氣結成形巧于匠是此形氣自然生俯當察形仰觀象形象相感一理通請以究法現星宮三垣當法衆星拱四獸分垣到處同雖然濶狹大小異還是四圍無賊風奎星至參元是虎角宿至

レハ抱合ナリ吉トス是男女ノ情ニ同ジ女ハ男ヲシタヒ男ハ女ヲ思フ其情タカヒニ和セザルハ情ノ上ニアルコナレバ言語ヲ以テ教カタシタヾ互ニ相シタフヲ以テ情ヲ和スルナリ山水風土ノ和スルモ男女ド別ナルコナシ能々思ヒテサトルヘシ然レ𪜈其法アリテミダリニシタシムノミニテハ礼ヤフル、ナリ風水ノ理モ和シテ礼義

箕本是龍斗星至壁玄武象井星至軫朱雀宮凡是龍類龍星結凡是虎類虎星融凡是水蔟玄武内凡是禽形朱雀宮今具星形先列右却以形穴此類從雖然亦是舉大畧妙處在人心眼工勿以此法為拘贅但觀星象無不同世間有物便有象君如不曉是凡庸

◉辨龍水配合

水主財祿山主人穴前水聚主豐盈曾見穴前大水聚其家薄弱不足論出人太多近卑賤財祿之

アルヲタツトフ也ミタリニ和スルノミヲタツトマズ情ノ有ト無トハ圖ニ出ス了モアタハサレトモソノ大略ノコヽロモチヲ左ニ出スナリ

有情畫

吉

言竟不驗不驗之時甚可疑此個關頭不易辨丁龍自有一水隨共祖共宗繫相依大龍長遠水亦遠小龍止有小水歸山水合來成一局山譬如人水財祿財祿自有主之者豈容他人亂爭逐富貴原來只問龍龍長自有水相從水遠穴高多發貴穴低堂聚富豪翁幹龍何以出富貴水來盡是我隨龍若是下砂水口地空有洋潮全不是譬如富貴掌錢奴主此錢者不是渠錢雖在前不得

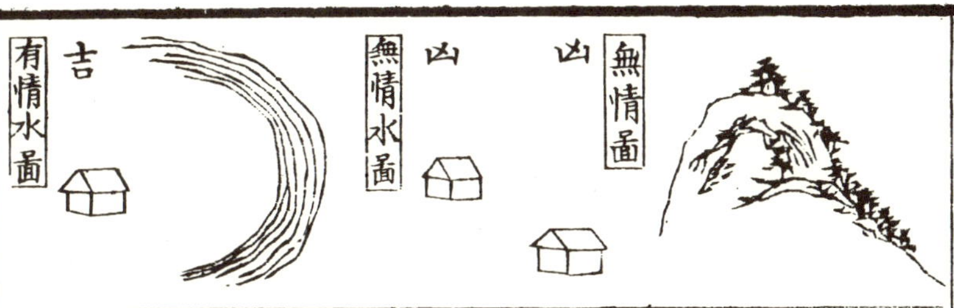

主其家焉得有盈餘認水還當先認龍
認得山真澤自通切莫亂貪入峽水受
他刮劫反貪窮
○真龍似死形不同木星天上起高峰
高峰之畔六七個個漸低尋木蹤上
天梯名人未識只道直來非活龍不知
貴氣勢無敵定有皇都卿與公
○初有一高峰一高峰之下七個八個
小峰巒一個粘一個一個低一個愈下
而愈正自高而下卑面前正看如梯楷

穴形属星象

○形穴ノ星ニ属スルト云ハ先東方ノ穴ニハ角亢氐房心尾箕ノ七星ハ龍ノカタチアルナリ故ニ東方ノ穴ハコノ龍ニカタトリ作ルヲ吉トス
○南方ノ穴ニハ井鬼柳星張翼軫ノ七星ニハ鳥ノ形アリ故ニ南方ノ穴ニハ鳥ニ象リ作ルヲ吉トス
○西方ノ穴ニハ奎婁胃昴畢觜參ノ七星ニハ虎ノ形アリ故ニ西方ノ穴ニ

之有級而峻極于天是謂之天様也
○天池ハ不可全ク作ス水ト亦看ニ形骸巧拙異ナリ
方ヲ為土圓為金長為木四面尖生水火
濟水火既ニ濟ウ是レ眞龍此ノ龍出レ人必尊貴ナリ
水火既濟是ヲ為難得
○池中更ニ有テ石筍生シテ火燄ヲ水中ニ特地起ル
此レ貴難シ言君莫泄出ス天子ヲ鑿チ去ハ池中ノ石
筍龍此ノ池猶出ス鼎折ノ足石筍生ス于池中ニ
鼎折レ足言折ルヲ乎足ヲ也
○又有一等ノ乾濕龍或ハ乾キ或ハ濕亂行ノ蹤ナリ

ハ虎ニカタドリ作ルヲ吉トス
○北方ノ穴ニハ斗牛女虚危室壁ノ七星ニハ亀ノ形有故ニ北方ノ穴ニハカメノ形ニ作ルヲ吉トス
○絪縕ト云ハ天ノ氣ハ下リ地ノ氣ハ上ラントタガヒニ行キアフテモヤモヤスルカタチナリ
○混沌ト云ハ天ト地トイマダワカレズノ一ツニ合シアル時ノヿナリ即チ易ノ大極ノヿナリ

五星散亂不可定池塘涸濁黄且濃得雨乍晴盈且涸不是天池名陷落雨晴平地皆泉穴晴後池中可赤脚此是假龍假星辰縱有穴形不堪作人家退敗財不聚子孫下賤女優雜

◉石山　石者山之骨也有發于龍身有起于山頂有生于穴上有交于穴下有分于穴之左右然則石之所起乃氣之所凝也經曰山勢原骨又曰凡起星峰皆要石若是土山全無力則石之不

辨龍水配合

○渾然ト云ハ天モ地モヒトツニノ分レヌヿヲ云混沌ト同ノ少シ別ナリ
○賊風ト云ハ邪氣ノヿナリ悪方ヨリ來ルナリ
○水ノ財ヲ主リ山ノ人ヲ主ルハ天性ナレ𪜈水ノ聚ルニモ次第アリ山ノ龍勢モ見ヤウアリテ似タルモノヲ以テ真トスルトキハ反テ凶トナル吉地吉水ナリ𪜈其人福ヲ得ルヿアタハズ譬ヘバ金藏ノ番人ノ

可少也明矣凡石有陰有陽陽仰而聳陰俯而伏聳者無根石下皆土俯者相連土下皆石不可不知也石色以明潤青白為佳嵯峨破碎焦枯乾燥黒為凶山谷未經退卸石山在所不甦出陽帯石乃為佳耳倘出陽而焦枯破碎嵯峨凶悪則為關闌水口雖曰出陽亦不可甦也

◉論九星　古人辨星有以五星論者有以九星論者蓋五星可以語常而九星方極其変二者相為表裏揚公以老九

如シ金銀ハ前ニ在ナカラ自身ハツカフ一ナラヌナリ
○下砂ハ地面ノアシキナリ洋潮ハ水ノ朝シ向ハサレ圧下砂ナル故金蔵ノ番人ノ如シフノ寶ヲ自ラ費ヿアタハヌナリ
○水ヲ見ンヨリ龍ヲ見ルヲ大事トスルナリ龍ハ山ニテ水ノモトナリ
○谷川ノ水ヲ直ニ受ルトキハツヨスギテ反テ貪窮スルナリ少シ流レテ川

星立論廖公以天機九星立論雖命名不同而理則合一惟楊公尤極其妙論龍而知穴論穴而識星星備于龍法之中穴根于星辰之内誠萬世不易之法故論星當以楊公為的

○九星之形惟破禄最多但就其易知者言耳大抵星吉則氣吉形凶則氣凶山清人秀山濁人愚自然之理無足怪者不知九星雖以三吉為貴然不祖廉貞則龍無雄特之勢雖貴而不顯不帯

真龍似死圖

下ニテ受ルヲ吉トス

○左ニアラハス木峯高ク起レ𪜈其流レ勢ナク小峯ヲ出スコトナシコレニテハ天ニノホルカケハシナシ故ニ死スルニ似タリト云フ

高山有テ其山ヨリ峯ツヾキニ段々下ルヲ云ナリ此峯ノ下ニ皇都アルナリ

破禄則枝葉不多而無貴曜飛揚不帶文曲則龍勢直急而無委蛇之體不帶輔弼則龍無夾從而形勢孤單六曜而無三吉為間則雄粗之龍無博換之吉星三吉而無六曜為間則因弱之勢無尊秘之救助由此観之六曜固不可無三吉而三吉亦不可無六曜也凡三吉星辰皆端正無足若突而無面即屬破禄開面秀麗方為真體諸星博換遇此即結經曰吉星之下無不吉凶星之下

天池形ヲ見圖

木星死山ノ圖
凶也
此山ハ峯ノ流次第ニ下リ勢ナク蚯蚓ノ如シ

○天池ハ皆吉ナレ氏又其形ニヨリヨシアシアリ其中ニ池ノ四方ヘ角タツハ水火既濟ト云テ大吉ナリ又其池中ニ石筍トテトカリタル石ノ出アルハ大吉ナリ必ホリ取

凶所存スル是也世人但知テ破禄廉文皆能ク結ヲ究ヲ而不レ知下所ノ以テ結者ハ皆博換純粹之吉星上也反スハ此ニ必無融結

● 貪狼

貪狼ノ形ハ如ニ頓筆ノ左右ニ無レ足經ニ云ク貪狼ハ自有十二様尖圓平直小ヲ為レ上ト欹斜仄石倒破空禍福輕重自ラ不レ同平直ハ即倒ルレ地木星貪狼之變體也其行龍多ハ帶ニ禄存祖廉貞ノ方ヲ出ニ太貴ヲ龍大ナレバ出ス聖賢宰輔ヲ龍小ナレバ出ス神童魁元ヲ若無ニ禄存廉貞ヲ則無ニ威權ニ出ニ文章清貴之士ヲ作ス間星ヲ

ルヿ勿レ三本アルハ尤大吉ナリ若シ一本ニテモ其石ヲホリ取レバ不吉トナル也鼎ノ足ヲ折タル形ニナル故ナリ火形ノ池ニ石筆アルハイヨイヨ大吉ナリ又石筆ノ横ニナリテ弓ヤ几ノ如クナリテ色赤キヲ紅玉帯ト云テ大吉ナリ紫イロナルヲ紫金帯ト云フテ公卿ノ貴ヲ出スナリ

為貴獨行孤露出神仙衰敗則出巫祝

尖貪為文筆

吉星

直貪為盧鞭

吉星

圓貪為圭璧

吉星

小貪在山頂

吉星

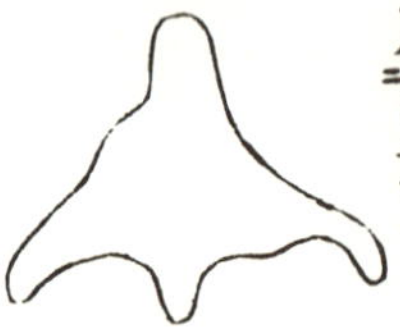

横貪為金橋又為玉尺

吉星

連貪為出陣旗

吉星

◉巨門

巨門ノ形ハ如頓笏几屏左右ニ無

天池五形圖

水火既濟ノ天池ニ石筆アルノ圖

土

金

足其行龍多帶武曲輔弼兩傍擁衛羅列破在左右則帶刀劍祿在左右帶旗節體端方尊重無欹邪之形龍大則為都會禁地龍小出公卿大夫入首粗出巨富作間星為御屏御座獨行孤露作梵宇衰敗出高僧

巨僨為頓笏為玉簡

吉星

巨横列為御屏斧扆

吉星

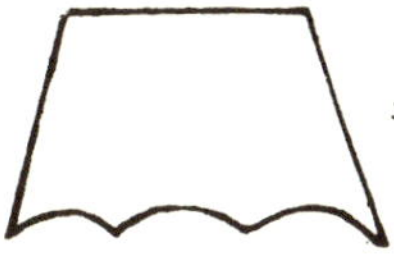

巨低矮為玉几

吉星

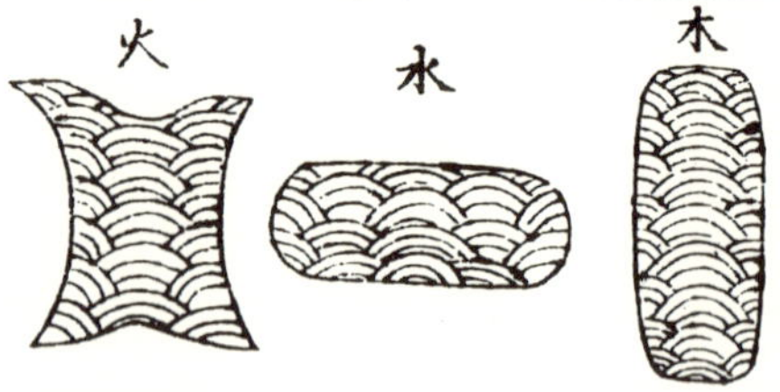

右ニ圖スル天池ハ山上ニ自然トアル池ナリ大吉祥ノ地ニアラサレハ無之若シ人家ニテ泉水ヲ作ラハ此法ニヨルヘシ本ト泉水ナ

兩角起峰為金詔

吉星

◉祿存

祿存ノ形ハ如頓鼓ノ下ニ生ス木脚小墩圓浄為祿碎破為殺其星貴賤凡九ツ第一ハ頓鼓第二ハ如覆釜第三ハ如鶴爪第四ハ如肋扇第五ハ如懸鶉第六ハ如巨浪第七ハ如長蛇作纏從第八ハ如鍪兜第九ハ餘氣撒漫如落花作水口其行龍ハ帶輔弼

ト人家ニ作ルハ好マヌヿナレ𪜈此圖ノ相生ニヨリテ作リ池中ニ島ヲ築キ五行ノ相生ト方位ノ生氣ト星象ノ吉位トヲ合ノ作ル所ハ反テ大吉トナル其法多端ナレバコヽニ畧ス或ハ形ヲ以テ云ハヾ心ノ字ノ形壽ノ字ノ形ニ作ルヲ吉トスルナリ生物ノ形又祥字ノ形ニ作ルベシ

若帶圓浄小墩為祿存帶祿不帶小墩為無祿也帶貪巨武三吉則為都會禁地出聖賢大貴龍小則出神童狀元與文章科甲作閣星為威權若無脚而尖癰腫瓜瓠則為神壇水口而已

祿帶小貪

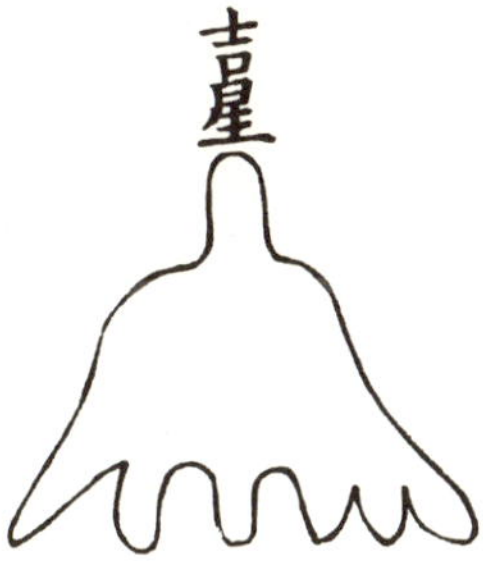

祿帶小巨

祿帶武曲

乾濕龍說

○此条ハ天池ニマギル、乾湿龍ヲトクナリ山上平地ニ限ラズ地ノ陥キ処ニ雨水濁リタマリテアルヲ云ナリ晴テ日久シケレバ此水カハクナリ乾湿龍ノ地ハ子孫下賤ニソ女子ハ婬乱ナリ乾湿龍ヲ一名陥落トモ云フ

龍祖說

○地ヲ擇ムハ龍ガ本トナル又龍ハ祖山カ本ナリ祖山ハ龍樓寶殿トナルガ吉ナリ龍樓寶殿ノ山ニハ春夏ノアイ

禄帶輔弼

吉星

吉星

禄帶禄屈曲為蘆花

◉文曲

文曲ノ形ハ如生蛇婉蜒蛾眉屈曲活動散在諸山之中為行龍過脈若自作龍常帶輔弼二星間三吉星而出后妃女貴並資財美色若欹斜如死鱓散漫如撒網突如烟包碎如鎗樣則為

ダニ雲氣ガタツナリ其雲氣ヲ見テ吉凶ヲ知ル傘ノ如キハ大吉ナリ横ニナビクハ其次ナリ
○天池モ二ツ有カ上ナリ一ツアルハ次ナリ若水ナキ時ハ凶ト知ルナリ
○龍樓寶殿ヨリ雲氣タツヲ假山ニ作ル法五雑組ニ見ヘタリ雄黄ト焔硝トヲ土ニマゼ假山ヲ造レバ雨降ニハツキ山ヨリ雲立ノボリマコトノ山ノ如シ又雄黄ハ蛇ヲ避ク

壇廟淫邪敗絶之地

屈曲為書玄摺帶

吉星

文曲連接開面

為重娥眉

吉星

中吉星

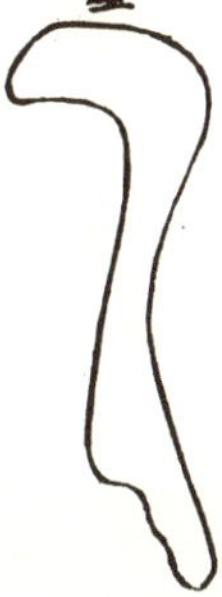

裊長為九天飛帛

飛誥

◉廉貞

廉貞形如燄火粗雄高大為諸山星之祖其形有四尖曰龍樓平曰寶殿獨峯脚擺為紅旗土頭右脚為曜氣形皆破碎如傘摺裂絲石色赤黒為

テヨシ

龍樓圖
吉山

寶殿圖
吉山

眞若青白黒黄俱為破禄頂生天池帶輔弼出龍次第生峯則為禁地餘各隨星龍貴賤大小為差等不變五吉則為門戸羅星

龍樓
吉星

曜氣
吉星

寶殿
吉星

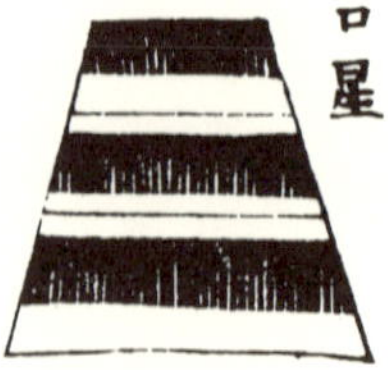

廉貞連接又為鋸齒排雲

紅旗
吉星

○又高山ノ頂キニハ大石多クアツマリ有ヲ五行ノ氣ノアツマルト云テ貴キ相ナリ大石アチコチニ散在モ貴シトスヘテ山ノ形ヲ星ト云ナリ山ノ形タツトク秀テアツク正ケレバ穴ヲムスフ山ナリ破カタムキタル穴ヲムスバズ

○凡テ山法ニ内明堂ト云ハ龍虎ノ内ヲ云也龍虎ノ外案山ニ至ルヲ中明堂ト云ナリ案山ノ外

○武曲

武曲ノ形ハ如頓鐘ノ端聳厚重左右無足其行龍ハ常ニ帶輔破ノ二星間巨門出王侯宰輔文階武權之貴龍小亦主節鉞兵政為閣星主當代ノ大貴

端聳為金鐘

吉星

厚重為鼎鼐

吉星

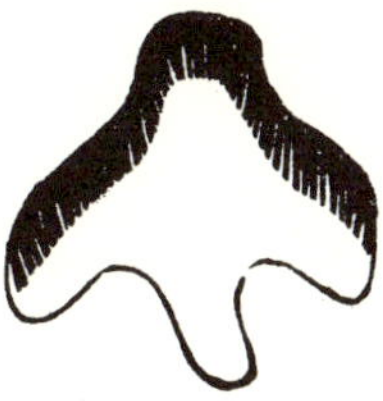

○破軍

破軍ノ形ハ如走旗下生火脚如戈矛其形有六頭高尾擺曰走旗左右

朝山ニ至ルヲ外明堂ト云

○内明堂ハ緊小ニソ風ノ吹コマヌヲ好ムナリ

○外明堂ハ寛クソ氣ヲ納ルヲヨシトス

○龍大ナレバ明堂モ大ナルガヨロシ龍小ナレバ明堂モ小ナルカヨロシ兎角ツリ合ガヨロシ

○龍ハ山法ニテ地取ノ事ナリ明堂ハ家作リニアタル也龍虎ト云ヘハ家ノ左右ノ地取ノ内ニ

齊擺曰蓋天帥旗一高一下曰馬馳露石曰帶甲層疊曰天梯低横為刀劔其行龍帶輔弼間貪巨武三吉則為都會禁地次産侯王宰輔邊疆武功之人作間星為威武無護無衛則為水口神廟

破軍頭高尾擺為走旗

左右齊擺為蓋天旗帥

一高一下為馬馳

ヲ云ナリ
○案ト云ハ近山ナリ吾前ニ近キ山ナレバ高スギレハ反テ吾ヲ壓カタチナレバ不吉トスヒクキヲ吉トスルナリ吾胸或ハ眼ニ對スルヲ吉トス
○朝山ト云ハ遠キ山ヲ云ナリ遠キ山ユヘ高キヲ吉トスヒクキ時ハ見ヘズメ不吉ナリ
○朝山ナキニハ水ヲ以テ朝山ニ代フル也歙山ハ東向ニテ湖水ヲ以テ朝案

露石為帯甲

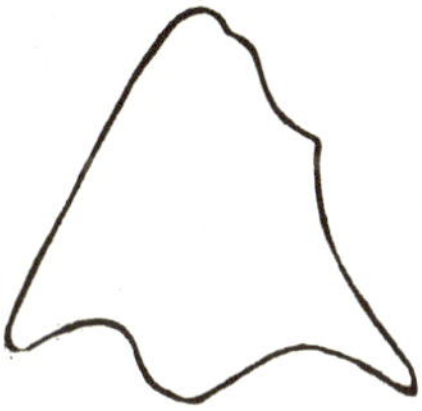

層疊為天梯

低横為衙刀横剣

◎左輔

左輔形如幞頭後大前小左右微足在貴龍左右為輔弼在山頂天池為侍衛在明堂為天乙太乙在垣前為執法在峽為金鳥玉兔在水口為天關地軸在擁從羅列為旌節幢幡旗鼓

論九星

トスルナリ
○案山ナキ時ハ内局ニ水ヲ引テ案トスルナリ城中ノ堀溝ノ如シ
○星ハ五星ニテ事タルナリ然レトモ其変ヲ見ルトキハ九星ニアラザレバ知レカタシ五星ハ其常ヲミル九星ハ其変ヲミルト知ベシ九星ノ兼体ヲ見ハ大山連峯ヲミルノ法ニシテ小山或ハ一石ノカタチ或ハ万物ノカタチヲ星ニアテヽ見ルトキハ一

馬駝印劍貴龍帶此必爲垣局禁大地
非輔星自能作垣局也如覆釜者分宗
自武若自作龍行形如駝峰幞頭横甲
而行主出臺諫翰苑清貴獨行孤露爲
道院衰敗出僧尼宮人

左輔正形為幞
頭馬駝

左輔品列為三臺

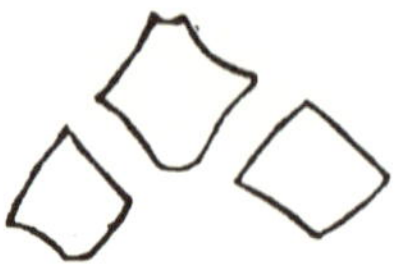

平列為華蓋

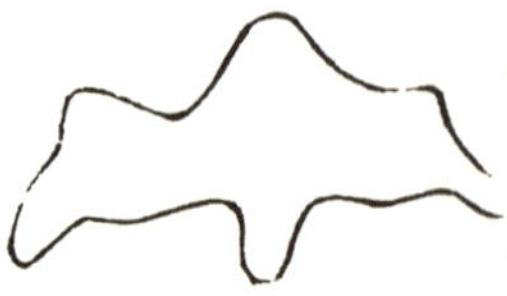

星ノ体ニシテ見ル
ナリ兼体ヲ見ルヿ
ナシ一石ノカタチ
或ハ万物ノカタチ
ハ四吉星ヲ用ルヲ
吉トス餘星ハ凶ト
知ルベシ

●貪狼

獨行孤露ト云ハ貪
狼ノ山体ノミニノ
外ノ山ノ体ヲカ子
ザルヲ云外ノ体ヲ
カ子ザレバ吉山ナ
リト云ヘドモ若シ
外ノ山ヲカヌルヲ
間星ト云ナリ間星
ト云ハ兼星ト云ト
同シ行龍ト云ハ山

低曰鸞翔

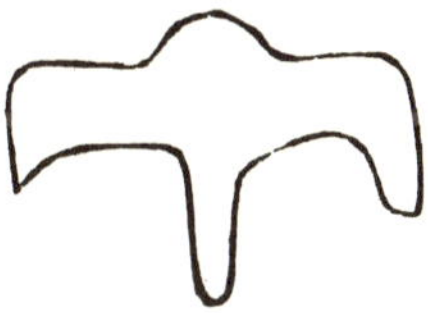

高曰鳳舞

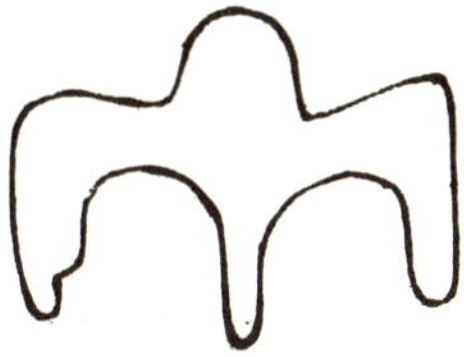

◉ 右弼

右弼形如仄月彤梭印經曰右
弼本來無正形形隨八曜高低生拋梭
馬跡線如絲蜘蛛過水上灘魚驚蛇入
草失蹤跡斷迹斷脈尋來無數者皆其
形也此星在貴龍左右與左輔相對故

五星穴法圖

ノ形勢ヲ云ナリ其外九星皆此ニテヲスベシ

○金星ト金星トカサナレバ災アリ水星ト紫氣トハ吉ナリ

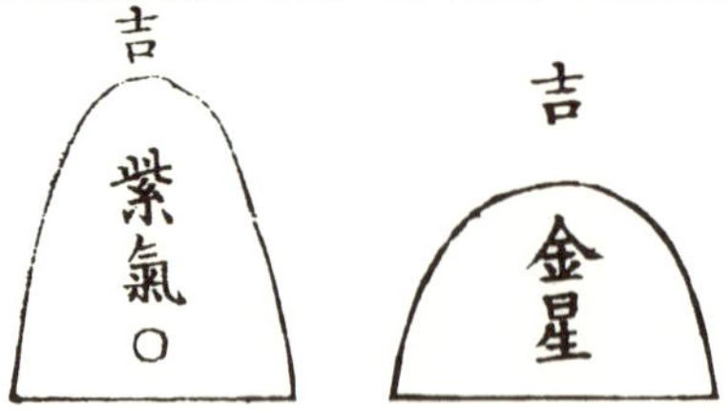

曰右弼無正形或散在諸山之中作行龍過脈纖落平陽常帶輔星作鋪氈展席之勢穿珠湧浪之形主出高賢大貴并中使妃嬪衰敗出宮人閒散游食

◉五星穴法

凡金星行龍須要博換水穴發生窩窟為吉葬後富貴綿延聽明俊美若正面或生小包小突名曰紫氣穴亦利安葬若正面不生小包小突名曰蕩面不然打破大金星取左右開口亦名水穴吉凡金星不開口者龍雖

○木星ト木星トカサナレバ禍アリ水星ト火星トハ吉ヘ

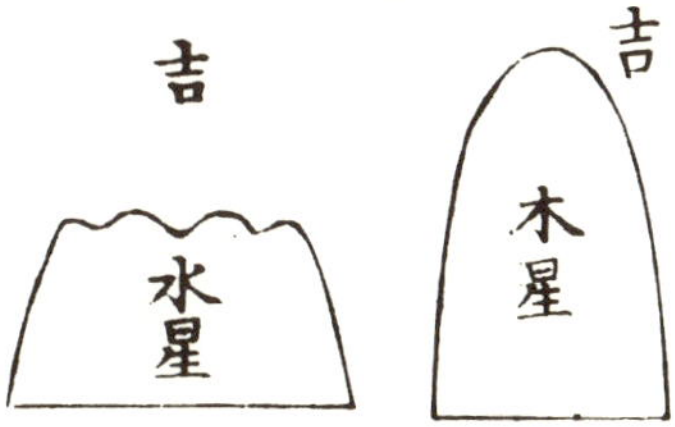

好穴不足縱饒發福亦不免後生災患
金星只宜生小窟無窟宜小凸忽然
突窟不分明硬面禍來併
凡木星行龍須要博換紫氣木開口者
名曰泛水木星為官不絕若横木作穴
只看節目間甏之名曰萠芽穴如直木
作穴或倒地木直來者長十餘丈直射
來如鎗頭間微開小口名曰蘆鞭龍出
狀元及第拜相入朝
木星行龍須博換重木不須論直木

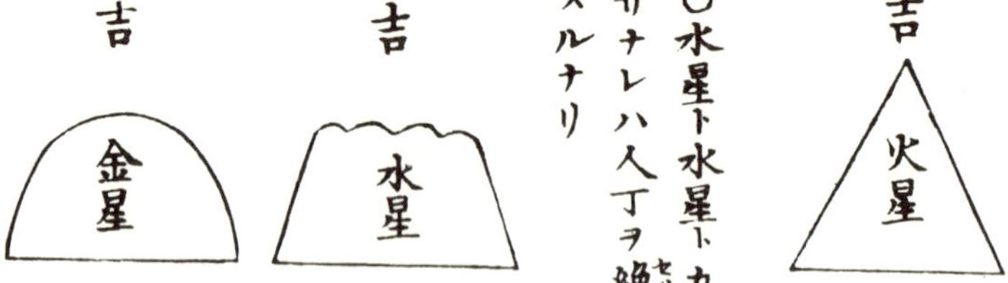

○水星ト水星トカサナレハ人丁ヲ絶スルナリ

開口便為奇陰穴不須疑
凡水星行龍須要博換金穴人丁大旺
綿綿發福金穴硬塊是也
水星不宜下水穴下了人丁絶好尋
陽頂問根源富貴子孫賢
凡火星行龍惟要見土穴及木穴主文
武雙全英雄蓋世斬斫自由若平火安
墳六年之内主瘟瘽徒配絶人有一等
倒地火星出武職土穴平面是也
火星只宜安取土無土安木乳無土

吉

○火星ト火星トカサヌルコトヲ忌六年ニ流行病ニテ死ス又刑罪ニアフコトアリ

吉

無木不堪扞下後禍連綿

凡土星行龍要生出紫氣穴主巨富

出人肥大長命若土星見開口者為水

穴絶人紫氣與前同

土星不宜重見土黄腫狂屍苦若生

紫氣値千金富貴旺兒孫

大陽

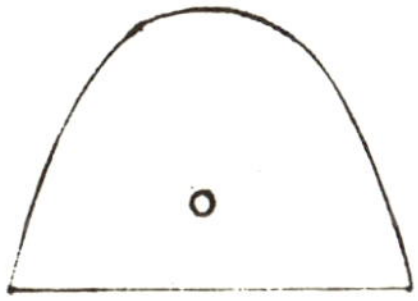

第二太陽名正体好把覆鐘比此星最喜

近清光太小立朝綱　太陽一穴自尊崇

却有天然穴在中依法得乘生氣脉為官

必定至三公

吉

○土星ト土星トカサナレバ腫病及ビ狂死アリ

吉

大陽

第二號開口出公卿

大陽

第四脚弓官職任朝廷

大陽
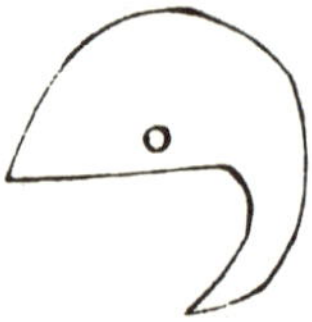

第六單股官職此中生

大陽

第三懸乳謂吉穴增高益下任君為

大陽

第五雙臂可救人貧兒孫富貴更綿延

大陽

第七側腦富貴在其中

吉

右五星トモニ重ルヲ凶トス博換シテ相生スルヲ吉トス諸山ハモトヨリ假山或ハ庭石ニテ此心得ヲ以テ吉凶ヲ判断スベシ

○木ハ本吉星ナレ圧重木ニナル時ハ凶星トナルナリ山勢カハリ行テ吉ト

大陽

大陰

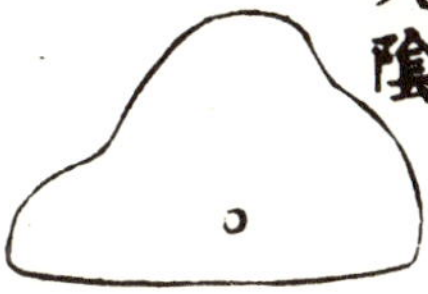

大陰

第八没骨声
價満皇州他
年氣應産英
賢

第一大陰為正体低圓眞可喜現出天心半
月規男貴女為妃　平脳金星號紫微角
邊魄生與心齊案朝堂聚皆眞穴依此安
扞不用疑

第二號開口
富貴永綿延

大陽

大陰

第九平面朱
紫盈門家富
盛從來平處
福綿々

第三懸乳男
婚公主穿緋
紫女人椒房
逞獨專

紫氣博換之圖

ナル水星ト火星トニカハレハ相生ソ吉ナリ

大陰

第四脚弓富
貴真ニ無レ比

大陰

第六單股清ク
貴又多レ財

大陰

第八沒骨代
代有ニ声名ー男ハ
清女貴稱ニ人ー
心ニ

大陰

第五雙臂金ー
銀多ク積更多シ
田

大陰

第七側脳定ニ
光榮

第九平面縁
興富貴自光
榮

水星博換之圖

○水星ハ本凶ナリ重水ハ大ニ凶ナリ山勢博換シテ木星ト金星トニ變レハ吉ナリ

金水

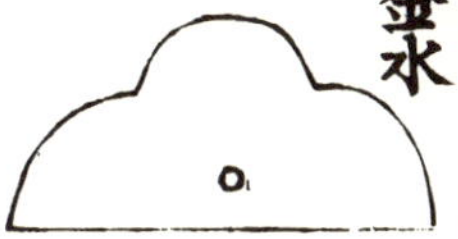

第一金水名正体席帽形可擬此星清貴號官星州縣播聲名　九個金水曲兼圓一項分明開兩眉百子千孫由此出誰知富貴兼雙全

金水

第二為開口列三台

金水

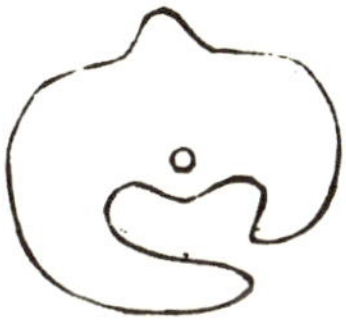

第四引脚發福最為奇

金水

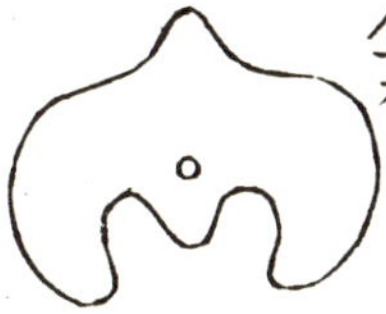

第三懸乳出人相貌清奇絶兒孫少子作高官

金水

第五雙臂男清女潔皆豪富百子千孫更久長

金星博換之圖

○金星ハ吉ナリ然レ𪜈重山トナレハ凶トナル博換シテ金星又ハ土星ヲ交レハ大吉ナリ
金星ノ上ニヲチ入ルカ又ハツキタス形アルハ上々ノ吉之

金水

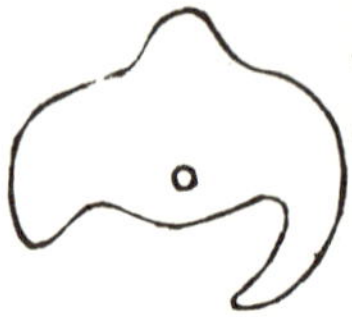

第六單股出官

金水

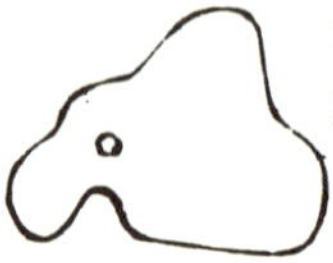

第八沒骨高大為墳福更鮮

紫氣

金水

第七側腦看來終是好穴法最精微

金水

第九平面稱名世出官

第一紫氣名正体秀嫩方可取中間脚手有多般高着眼来看頓起尖峰號木星上中下穴是三停細看朝應分高下一舉登科顯大名

土星博換

水星博換

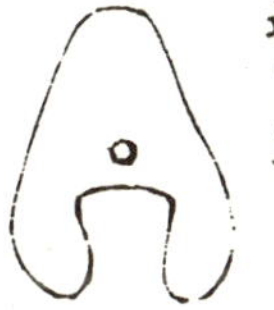

紫氣

第二開口金
榜早傳名

紫氣

第四弓脚家業
也興隆美女抱
兒形最似清貴
為朝主

紫氣

第六單股富
貴足金銀

紫氣

第三懸乳出
公卿為後主
況孫策馬去
朝天

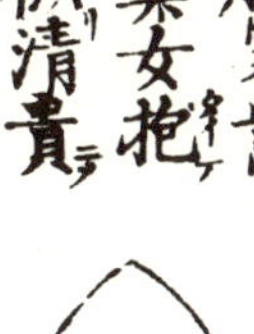

紫氣

第五雙臂得
官榮兒孫代
代在朝班

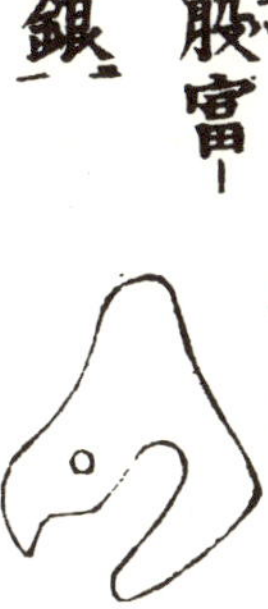

紫氣

第七側腦
下安扦必見
災

火星博換之圖

○火星ハ本凶星ナリ博換ニヨリテ吉星トナル重火ニナルハ大凶ナリ土星ト木星トニマシハレハ吉ナリ又龍樓寶殿トナルトキハ火星トイヘ㡳大吉トナルナリ

土星博換

紫氣

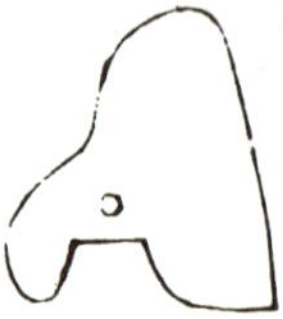

凹腦天財

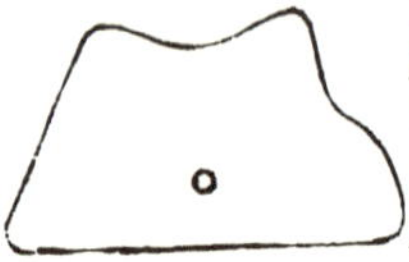

凹腦天財

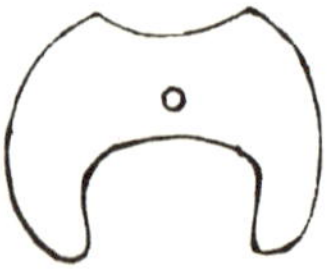

第八没骨合
天機實通仙

第一天財名正体凹腦斯為美形如
展誥最分明富貴永傳名　土星發
用號天財多是横龍出面來凹腦元
來居金土天然正穴請君裁

第二開口後
代看飛騰雙
遱雙子兼主
為商進横財

紫氣

凹腦天財

第九平面金
榜姓名香

第三懸乳他
年富貴產英
豪

土星博換之圖

木星博換

○土星ハ吉ナリ然レ𪜈土ヲ重ヌレハ凶ニ變シ水腫ノ病或ハ狂乱ノウレヒアリ火星ト金星トニ博換スレハ大吉トナルナリ尤土星ノ山ニハ岩アルヲ吉トス岩ナキハチ

凹脳天財

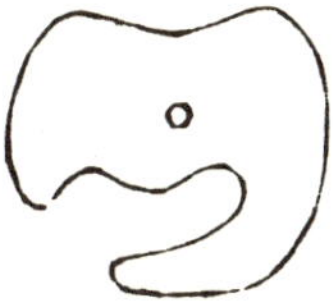

第四弓脚足家資

凹脳天財

第六單股興隆田蠶大旺多牛馬更生雙子及雙妻

凹脳天財

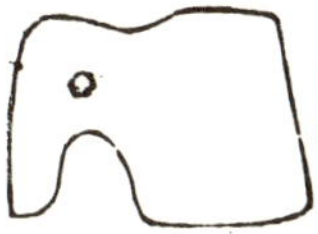

第八没骨富貴有声名

凹脳天財

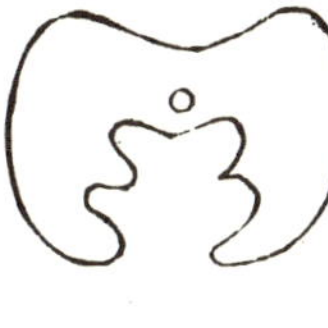

第五雙臂最好救人貪雙妻雙子有鞍馬兄弟父子便登科

凹脳天財

第七側脳冷人脳濶兒孫白手立家基

凹脳天財

第九平面清貴播聲名

カラスクナシ

火星博換

金星博換

雙腦天財

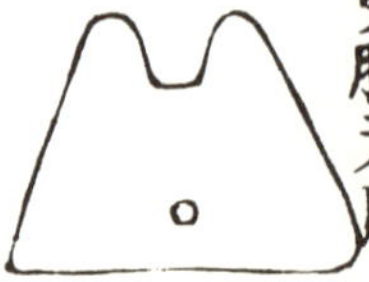

雙腦天財

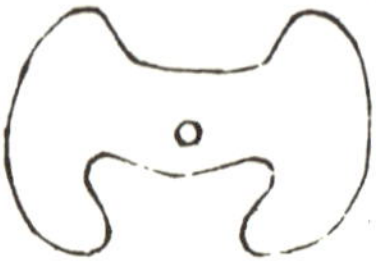

雙腦天財

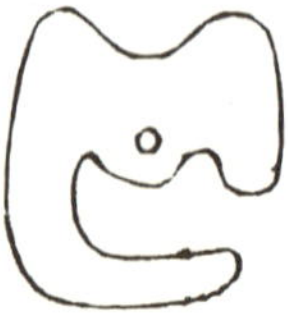

第一天財名正体雙腦本金水貴人馬上勢軒帛富貴此中藏正体天財腦本雙最宜弯脊忌腰長雙子雙妻乘鞍馬禾穀金銀冠一郷

第二開口元來發達遲

第四弓脚商賈足資財

雙腦天財

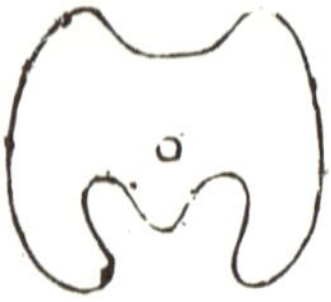

雙腦天財

第三懸乳列位在朝廷福禄自非常

第五雙臂福福子孫身雙妻妾更旺田蠶足資財

○天湿ノ穴ハ常ニ水拂アシキ地ニテ草木モヨク生セスナリ人モ其氣ヲ受テ葬レバ家次第ニヲトロヘ子孫タユルナリ

○雞肝石ト云ハニハトリノ肝ナリノ石ナリ肝ハイクツモカサナリ有ルモノナリ其形ニ似タル故云フ肝ハ七片ニナリテアルナリ

雞肝圖

雙腦天財

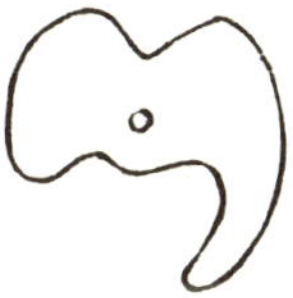

第六單股兒孫做大官

雙腦天財

第八沒骨世代兒孫受寵榮

平腦天財

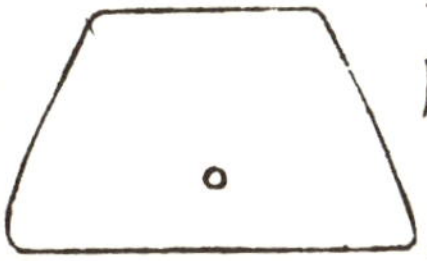

第一天財名正体真形元在彼垂珠
倒氣始堪扦玉枕出魁元土星無穴
古今傳倒氣垂珠始可扦兩角傳金
居角上開塋若大害天然

雙腦天財

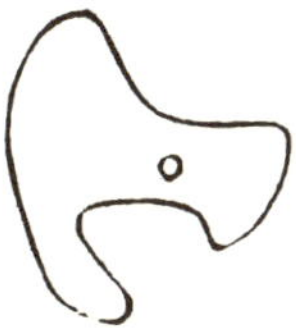

第七側腦訣
同凹腦天財

雙腦天財

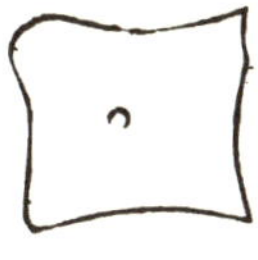

第九平面福
祿最綿延

此形ニメ黒クヘ欠メアル石ナリ此地凶ナリ
○江湖ノ近辺ハ水氣勝ユヘ高キ処ニ壅ルヲ吉トスヒクキ処ニテハ禍ヲ受ルナリ秋冬三光ヲ見ルト云ハ春ハ水ツキテ地ニ日アタラス夏ハ草茂リテ日月ノ光リ地ニアタラス唯秋冬ノミ水モカハキ草カレテ三光ノアタリ玉フ地ヲ云ナリ此地ハ湿地ニテ草能ク生スルナリ家ヲ造

平脳天財

平脳天財

平脳天財

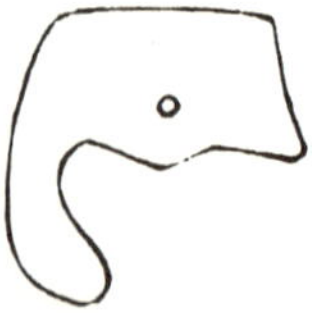

第二開口元
來福力全子孫代代出名賢

第四弓脚家
富有声名

第六單股足
田財

平脳天財

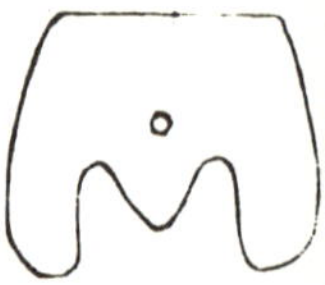

平脳天財

平脳天財

第三懸乳
門朱紫御街行

第五雙臂自
興隆甲生冠
一郷

第七側脳榮
華富貴有嫌媒

リ塋ヲ作ラハ濕ヌキヲ作ルヘシシケヌキノ作リヤウハ四方ヲ四五尺ハカリ堀リ中ヘ塊石ヲ多ク入ヘシ其シケタチマチヌケル也土藏ナド常々シケ多キニ此法ヲ用テ即ソノシケヌクルナリ其シケヌクルト家内陽氣ヲ生メ繁昌シカツ久シキ病モタチマチ治スルナリ

○石山石亢ノ山ハ一寸ホドノヨキ土モナキ地ナリ凶也

平脳天財

第八没骨猛
虎使人驚

平脳天財

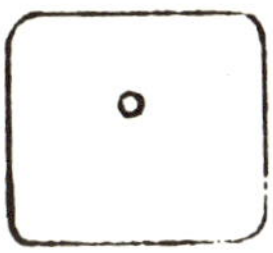

第九平面兒
孫享福更為
官

天罡

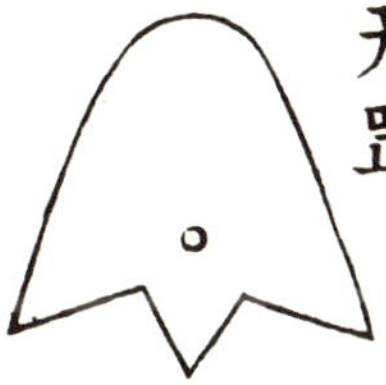

第一天罡為正体車盖形無此星
凶亦最難當囚死陣中亾 天罡悪
曜號天魁正本言來是禍胎帯曜太
陽最相似請君仔細莫輕裁

天罡

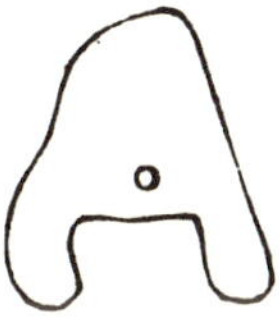

第二開口将
軍威風豪覇
郷邦

天罡

第三懸乳凶
中有吉位鎮
邉疆

○天完ノ穴ハ重山石山ニアリ深クホルヿヲ禁ズ深クホリテ混沌ニアタレハ惡シ、其処ニ至ラハホルヿヲ止ムヘシ其上ニホリテ混沌ヲ傷レバ地氣ヲモラス凶ナリ混沌ト云ハ山ノ全氣ヲ云ナリ

○天陥ノ水ノタマル地ハ不具人ヲ出ス又愚人貧人ヲ出ス凶ナリ

○土山天臍ノ穴ハ土ノミノ山ナリ若シホリテ石ニアタ

天罡

第四弓脚邊塞立功勳

天罡

第六單股惡毒如狼虎凶禍不堪言

天罡

第八没骨為官必定立邊功

天罡

第五雙臂仰威名兒孫豪富有嚴威

天罡

第七側脳富貴此中推兒孫開閫鎮邊疆

天罡

第九平面埋子更傷妻

レハ好穴トス其正中ニ葬ルヲ好トス富貴ヲ主ル
○石巧石盤ハ穴ナシ其上ニ葬リ他ノ山ノ土ニテ納ム平人ニハ不可ナリ王公大臣ニハ吉ナリ
湖池中ノ石亀ノセナカニ似タリ吉也

孤曜

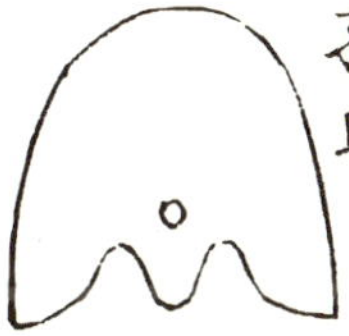

第一孤曜名正体覆磬形可擬少年相継入泉臺無板上山埋

孤曜

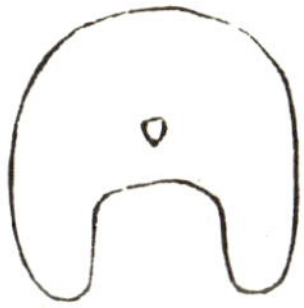

第二開口出高官他年富貴隆

孤曜

第四脚弓孤神切莫例言凶功名富貴在其中

孤曜

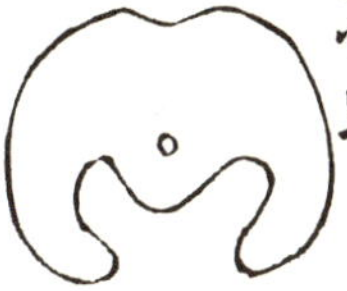

第三懸乳一發得人驚

孤曜

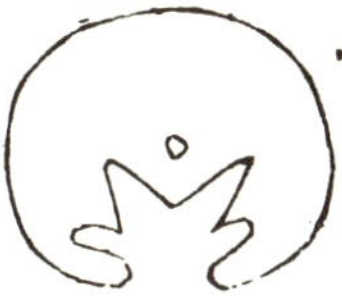

第五雙臂最好救人貧為官豈是清高職衣錦還歸自帝郷

平地石盤ニ似タリ
吉ナリ

○窩ハ中凹ナリ其正中ニ葬レハ水タマル故ナリ其弦ニ葬ルヲ吉トス山ノ絶頂ハ風ニ吹ル、故凶ナリ頂ヲヨケ風ヲ避テ葬ヲ吉トス

孤曜

第六單股癆
病與瘋癱ニ

孤曜

第八沒骨凶
禍害見重重ヲ

燥火

孤曜

第七側腦生
離去外州ニ

孤曜

第九平面絶ス
人丁ヲ

第一燥火為正体尖刀形不美名為
劫殺最難當路死沒人杠ニ　燥火ノ形ハ
忌莫安扦重重公事日連綿田園賣
盡兒孫絶身喪他州最可憐

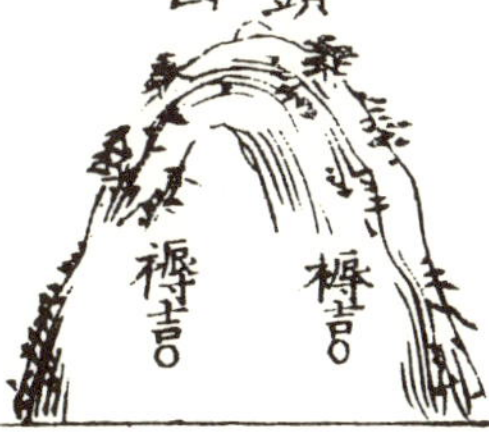

燥火

第二開口後代為官廣置田

燥火

第四弓脚燥火須云是四凶富貴他年比石崇

燥火

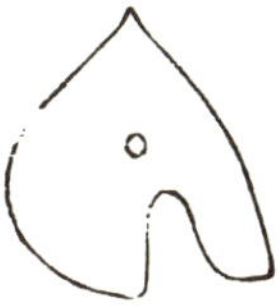

第六單股惡毒為蛇虎災禍日連連

燥火

第三懸乳便興隆

燥火

第五雙臂燥火元來居惡星誰知雙臂福非輕火衰水盛斯為美富貴光榮仰盛名

燥火

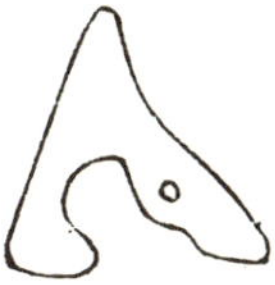

第七側腦後代為官坐府衙

培法図

○天智天皇ノ陵
山城宇治郡御廟野ニアリ上ノ山ヲ鏡山ト云フ小松原ナリ鳥居小社アリ石棺ノ蓋露テ在野草ノ間ソノ東南ノ里ヲ陵村ト云前王廟陵記ニ是ヘタリ是レ古ノ培法ナリ故

燥火

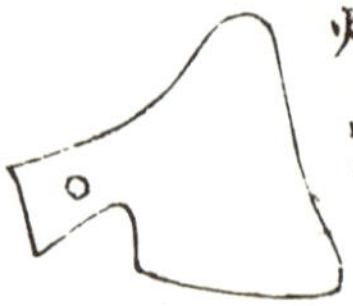

第八没骨燥火星辰本不佳

燥火

第九平面富貴功名蔭後人

掃蕩

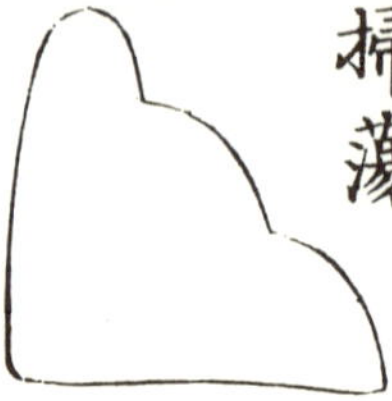

第一掃蕩名正体形勢如流水誤扞後代去異郷更出少年亡掃蕩星辰極是凶兒孫飄蕩走西東田園賣盡因酒色做賊為娼辱祖宗

掃蕩

第二開口後代兒孫貴莫言

掃蕩

第三興隆吉

二石棺ノ蓋地上ニアラハルヽナリ古ハ兆域四方十四町トアリ
○石原ニ瘞ルハ吉方ノ生氣ノ土ヲ一尺或五寸地上ニシク大吉ナリ
○家造地形ヲ築ニモ同断ニスヘシ子孫富貴ニシテ安寧之

掃蕩

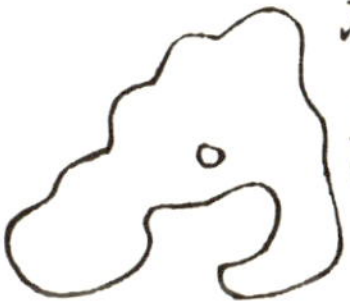

第四弓脚富貴有聲名

掃蕩

第六單股禍難當淫亂敗家囊

掃蕩

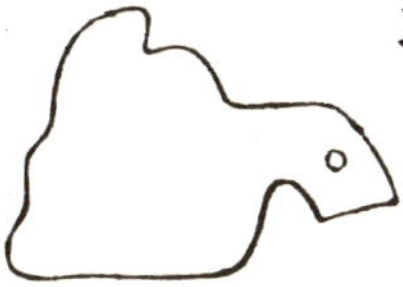

第八没骨富貴稱人心

掃蕩

第五雙臂名譽滿望京　掃蕩
星辰本不佳誰知雙臂福無差

掃蕩

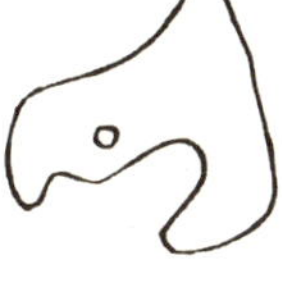

第七側腦白手成家廣置田

掃蕩

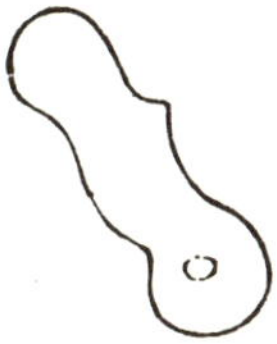

第九平面富貴著声名

○培法ニハ下ニ石ヲ敷ス篤法ハ下ニ石ヲ敷テ上ニハ砌ヲシカヌガ違ナリ其外ハ皆同ジ法ナリ是又富貴安寧ナリ

○篤法ト云ハ下ニ石ヲシク故篤法ト云ヿ也

○水出テ地ヲ堀ルヿ不能ニハ先大ナル石ノ板ノ如キヲシキ其上ニ棺ヲ納メ生氣ノ土ヲ以テ高ク墳ヲ築ナリソノ上ニハ敷石ヲ不用ガヨシ一里塚ノ

◉寸金穴法

金葬其柔

水葬其瀕

土葬其角

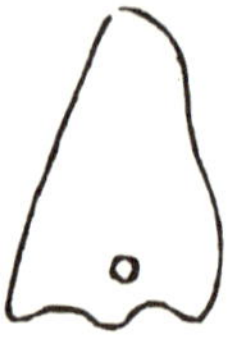

木葬其芽

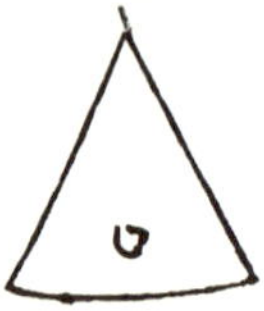

火葬其正

金乗其虚

如クスルナリ
○泄法
泄法ハ龍脉強スキテ其人是ニ劣ナリ故ニ泄法ヲ用ルナリ然レ𪜈龍脉ノ強スキルヿ見ヘカタシ故ニ若シ其家ニ瘞後火災熱病ナド多ク連ヿアラバ此法ヲ用テ止ルナリ
○改葬ノ始ハ伊弉冊尊ヲ出雲伯耆ノ堺伊賦夜坂ニ葬リ後ニ紀伊国牟婁郡有馬村花ノ窟ニ瘞ルナリ
○飽旺ト云ハ食物ニ

◉穴髓擿玄　高山生沮洳龍真穴真不可取此為天濕名天汗瘞後人家不産乳家業冷退去無蹤　又有平坡土石枯草木焦疎名天墟此龍無氣更不旺家財沃焦食無餘鑿開必有雞肝石斥斥黒爛不禁哉　有龍勢分低昂穴剰嵯峨脉深長此穴須要淺淺下要沾雨露及三光雖然此論不執一若是遇見碎石岡此穴須下七八尺但得山穴適相當見土之餘莫見石見石恐遭冷

針盤起原

二飽也旺トハ十分二物ノ滿ルヿヲ云ナリ二字熟キテ物ノ十分二足ルヿヲ云ナリ

○雄實トハ物ノ盛二ノ十分一强キヿナリ

○右ノ法ヲ用ヒ火災瘟氣ヲ止ル時ハ福昌大ナリ

○昔者黃帝涿鹿戰蚩尤蚩尤有妖術能作霧于是黃帝迷其南北不能勝天降玄女授帝針法乃得破而戮之蚩尤遊魂無依甚慎針法之能破

泉漿大抵嵯峨多泉脉所以斟酌要相
量有平岡天尺龍此穴五尺四尺中
入穴太深易成絶須要淺與氣相逢經
云古法塟平地須要一丈有餘是有
江湖有湖鄉三五十里皆平洋春夏茫
茫皆水浸只有秋冬見三光不須深穴
聚龍氣不使水漬年年傷雨　有石山
石片漫皆無寸土此名天完混沌氣
童山土色雜細碎可栽木植生長難天
完之地無縫路蕩蕩光滑如削刊却須

彼術常思所以害之而不得其便後周成王時越裳人貢歸而迷其故道越裳南荒之國也周公乃導針法造指南車以導其歸其制則上作一木人手常指南下作一蚩尤像以載木人自南車之有蚩像也蚩尤之遊魂乃得其依附秦漢之間黄石公深明玄女針法以南車之制不便于用更制為盤其上布八卦十二支以推五氣之用而蚩尤之神即附于盤然視用盤者其

回還四獸地自有土潤草木山只有相
當作穴處頭面慢慢皆石盤石必有縫
可鐫鑿石板之下有土山若得土時穴
須淺不必深鑿入其間鑿開混沌泄其
秘發露地氣怕傷殘所以淺葬是法度
煩君仔仔細細看　有淇迹如見坡此
名天陷　葬後家不旺生出缺唇龜背
多窮困冷退皆蠢戇不可訓誨言語訛
若逢此穴急迴避莫悞世人徒奔波有
土山全是土回還曠濶穴難取中間處

人而神明蚩尤則不敢為崇若其人而庸衆也者蚩尤即于盤中冉冉起霧迷其雙目使其不知南北彼昏不覺即以霧中所見者為的為世人師世人廣羅其害至唐来楊頼諸公憤蚩尤之害世也乃作為諸経諸訣使人熟讀而深知其義則不為彼所惑于是其術益窘而志乃益憤投胳為人即從楊頼経訣演出偽解偽説以迷世人自其説既行而妖霧不待盤而後起曰

處無石生此名天脆生肉乳或深四尺至五尺五尺四尺挿下去只尋深處為端的鑿見石尖便要住或是鑿見五色暈不斜不偏枕峰王不然上下及左右争却分毫非正乳若還下得此穴直肥嫩易發財祿聚或富或貴可預知

○石巧石盤生如琢如鐫如砌成上無縫脉穿鑿計且無寸土為遮蔽或如龜背在湖池或如石盤生平地俗人看道是頑石不生草木凡石類仙人一見為

起于世爲之蠹厲甚
頭而蔽天塞地又從
而附和者日衆楊頭
賴之道將日削而不
振余忝學楊頭不忍
坐視故不揣蚊力將
與蚩尤戰而尤之用
在露務則揆務之作爲
可已也
○針盤ハ今ノ磁石ノ
器ナリ人靈ナリト
云ヘ圧八方ヲ知ル
丁磁石ノ力ラニ非
ンハ識丁不能故ニ
針盤ハ天下第一ノ
宝器ナリ大海深山
ノ中ニテモ他邦万
里ニ行テモ磁石ヲ

歎嗟撿點來龍皆奇異元來四環皆是
土獨有此石呈祥瑞此石依山不可鑿
結砌安樞平處是自然融結得山脉不
必鑿開泄石氣若在湖池是金龜大龜
或廣一二里首尾潛藏出別地此龜切
勿鑿其背只須安厝在其上能使湖池
作平地他時壘土爲成山山在湖中四
環起此等巧穴人不識不是神仙誰睥
睨若還下穴得精玄皆是王侯公相位
○窩不可鑿心突不可鑿頂窩之心突

用ヒサレハ南北ヲ分ツヿナシ故ニ人磁石ヲ懐中スレバ狐狸鬼魅ニ惑サルヽヿナシ居家モ此ヲ用ル法ヲ知レバ富貴繁昌スルナリ若シ磁石ヲ用ル法ヲ知ラサレバ忽チ命ヲ失ヒ家門ヲ一時ニ亡スヿ可恐也

○黄帝及五帝ノ世四百八十年

○黄帝ヨリ周公旦マテ千六百七年

○周成王ヨリ秦ノ始皇マデ凡九百年

始皇ヨリ漢ノ高祖

之頂止極而無生氣也蓋窩心老陽之止突頂老陰之止氈心者犯濕氈頂者犯燥犯濕者主衰弱絶滅犯燥者主强暴絶滅窩氈其弦棄水而從金也突氈轉其褥棄金而從水也弦灣處是金褥轉處是水

○陰窩起突要金轉水陽突生窩要水轉金陰突如覆盆不吉陽窩如仰盆也凶一金一水之相乘猶一陰一陽之謂道也

マデ凡四十年黄石
公ハ此間ノ人ナリ
○漢高祖ヨリ四百
六十年後晋トナル
○晋ヨリ唐ノ高祖
マデ四百三十年ニ
ナル
○唐高祖ヨリ宋マ
デ凡三百四十年ニ
ナル楊公頼公ハ宋
ノ人ナリ
○五氣ト云ハ四季
ト土用ナリ
○風水ノ法ハ風ノ
吹込ハ生氣散ルナ
リ
○水界トナレハ生
氣トドマルナリ是

○穴上之脉宜微而不宜顯宜短而不
宜長顯則生意已露而少含蓄長則生
意不止而帶暴氣

◉培法　石龍無土而穴情明白砂水
秀異則取吉土以培法作之其法
以吉土築底厚則一尺小則五寸亦可
然後砌壙以起圓墳則發福不替

◉篤法　有穴在高山水窩却是石窟
四時水出不斷當以篤法作之其法打
一石板約大干石窟而置棺干石板之

ヲ知ルヲ風水ノ法
ト云フ

上ニ然ソ後チ壘テ土ヲ成レ墳ヲ不レ可三再用二石砌一則可
催ス冨貴ヲ矣

◉泄法　有二龍脈飽旺雄實ナレハ葬後恐クハ生二
瘟火一當下以二泄法一作レ之ヲ其ノ法ハ葬ル二一年ノ之後
擇二吉日一ヲ抽二出シ棺ヲ一以泄二其ノ氣ヲ一甚キ者ハ復タ擇二吉
日一ヲ抽出二次則チ永ク無シ二禍厄一而福昌大矣

地理山水風水秘録巻上終

水口砂之圖

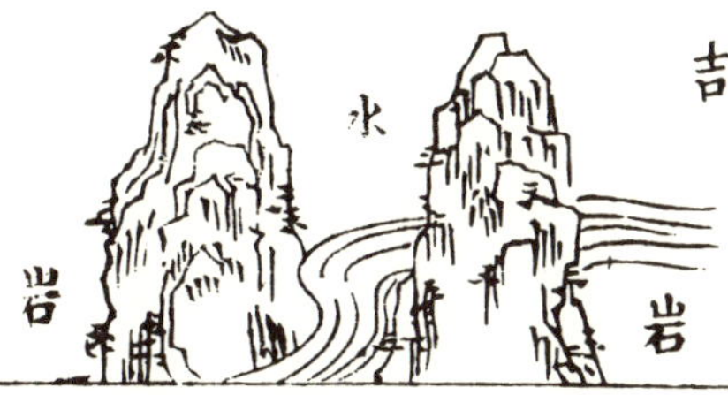

標註備考

地理山水風水秘録卷中

◉水口砂論　水口砂有五曰捍門曰華表曰羅星曰獸星曰北辰也捍門者兩峰峙立於水口水流其中出者是也華表者一峰特立於水口者是也二星大地方有羅星者方圓之石塞於水口者是也獸星者水口兩岸之山生成獸形如獅象把門龜蛇把門者是也王候之地方有北辰者高大石山尊嚴挺立獨高於衆正當水口者是惟禁地方有

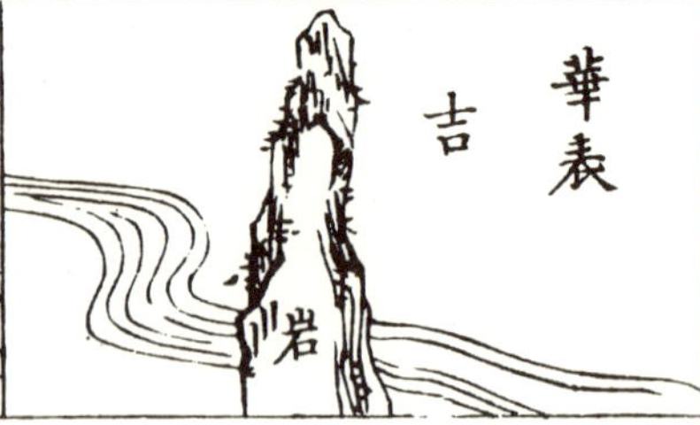

此也

◉配龍水論

山者地之陰氣也水者地之陽氣也陰陽交媾而後融結故有一龍必有一條配龍之水左旋之龍其水必右旋以交之右旋之龍其水必左旋以交之夫婦配而成穴也若無是水則山水背馳乃他人之護砂不能結作者矣若係真龍必有此水而此水必曲抱來交龍以龍虎作案者則此水在案外無近案者則此水在案内穴向必要

收得此水起方是真穴真向若穴向與此水無情反收客水雖有明堂龍虎好看若非假穴必係失向矣然此水人多不識故往々亂收客水此水與龍同行幹龍長則水亦長枝龍短則水亦短認得龍真自能認得水真認得水真亦能辨得龍真也庸俗貪收客水即遇真龍穴向必錯多由不識此水之故

◉明堂論

配龍之水必流至穴前穴與水相向處乃明堂也明堂宜平坦融

配龍水之圖說

右ノ五ツノ岩ハ水口ノ五星ナリ此岩水口ニ在レハ其地大都ヲ結ビ富貴此上ナシ三四里ノ間ニ見ハルヽト知ルベシ

○配龍ノ水吉ナレハ形局ハ少々不吉ナリトモ吉トスルナリ形局吉ナリトモ配龍ノ水不吉ナレハ凶トスル也

聚寛暢遶抱為美以窒塞逼窄破碎尖殺反背傾泄捲簾流泥偏側曠野為不吉妙法只要收得配龍水起雖形局不好看亦吉若不收配龍眞水徒向形局好處認為明堂縱平坦寛暢乃是假局終不吉也

◉明堂訣

堂局若吉要潔淨有物皆為病時人多自妄安排干內起亭臺栽花砌路俱遊賞禍生如反掌時師放水更求妍穿鑿損天然

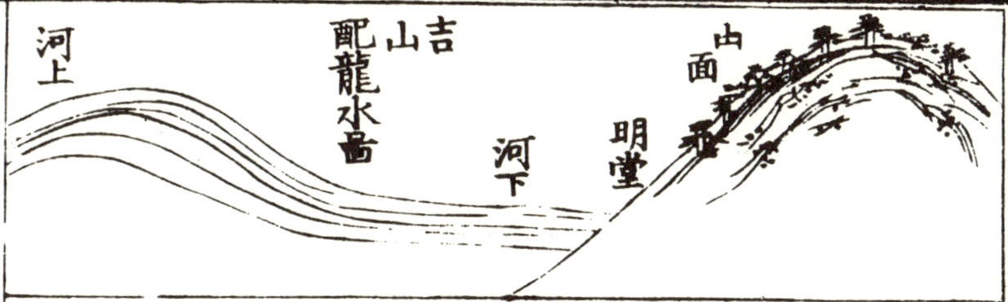

◉水城論

水城者明堂中之溪澗溝瀆是也水城分五行曲水圓金直木方土尖火曲城横斜直朝倶吉圓城抱身為宜反背則忌直城尖城沖射為凶方城抱吉背凶水城之吉有玉帶九曲暗排迴流諸格凶則盪胸瀑面沖心射脇裏頭牽鼻穿臂割脚漏腮反挑交劍刑殺漏槽斜撒也其凶咎各以其形象為應若穴前無溪澗溝瀆者則不必論水城矣

◉五城訣
抱身彎曲號金城圓轉渾如遶帶形不但顯榮及富盛滿門和義世康寧
峻急直流號木城勢如沖射最無情軍賊流離及少死貧窮困頓受伶行
屈曲之玄號水城盤桓顧穴似多情貴人朝堂官極品更誇奕世有聲名
破碎尖斜號火城或如交劍急流爭更兼湍激聲洴涯不須此處覓佳城
○方正横平號土城有凶有吉要詳明悠洋深瀦知爲美爭流嚮峻禍非經

○玄関前又座敷先キハ花木ヲ植ルヲ凶トス有リフレタルマヽニテ花美ヲ好ベカラズ不吉トス敷石ナドモ不好若シ敷石ヲ作ルナラハ星尺ニテ屈曲ラナシテ難ヲサクベシ

玉帯水

圓

○水聲悲人怕耳聾家見怪水射左長子憂若射右邊幼子愁當中直射中房敗此名三殺水

○又曰水欲順不欲逆山之祖宗起於西北終於東南而水亦隨之矣欲逆之說果搏激過顙者亦濟變之道與向南大地多是順局亦未嘗廢其重

○又曰順逆二字當究古人立言之義蓋天澤人遺皆自上而下常理也何至山獨欲其逆乎不知去而無關鎖者謂

直

木也凶

吉凶兩断

方

土也

尖

火也凶

右ハ水城アル處ニテ論スルナリ若水城ナキ地ナレバ論スルニ及ハズ

之順來而有渟滀者謂之逆逆者止也如逆旅逆經之義

○又曰水之改移卽地之興廢彎則福而反則禍矣

○又曰山之無故傾瀉者其地凶也水衝尤宜避之

◉來源論

來源者配龍水之源也水源深長則龍力長遠發福悠久源短則龍短而發福不遠大矣山中之地亦有源短而大發者但富夭貧強貴不終不

交劔急流圖

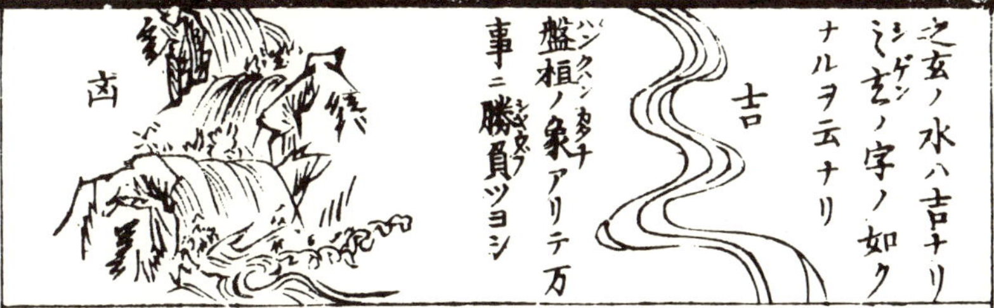

得全福耳
○廖金精曰結局之内明堂所見來朝
之水源頭短浅明堂之外去水迢迢主
富者不壽貧者不夭
○又曰當面之山亂而無格當面之水
直過不還主富者不清貧者不詐
○又曰吉地畏朝如人之飲食過度而
反傷也下地喜朝如人之饑渴切身而
欲飲食也朝在有情不在遠太水貴停
滀不貴頓來

水ノナガレスルドクメ兩方ヨリ打合ナミヲトスルドキナリ

○順逆二字ノ註

順逆ノ二ツハ万法ノ本ナリ天ノ雨露霜雪ト人ノ大小便𪜈ニ上ヨリ下ヘ降ルカ常理ナリ然ルニ山法ハ逆水ヲ好ハ如何トナレハ順水ハタゞ流レ行バカリニテ福ナシ逆水ハ止ル情ニテ福アリトスルナリ

◉水口論

水既過堂則去其去處必有門戶曰水口也水口最怕空闊直泄大要灣環屈曲迂廻深遠交鎖牢固為妙若有捍門華表羅星北辰則為大貴之局矣然近海近江近平洋亦有無水口之大地不可不知

○論水口

水口乃分龍水界穴水龍虎案山內外諸水由之而出最要關鎖閉塞一重密一重者為上書云水口不通舟又曰彈丸塞函谷言其狹也若寬

○山中ノ水來源短クシテ大ナルハ福ヲ發スレハ夭シ貪ナレハ長命ナリ
○山ト云ハ止ト云ヿナリヤマ。ヤム。マミムメモ通音ナリ止ム故静ナリ陰也川ハカハルト云ヿ也動クモノ故陽ナリ又川ノ瀬モ昨日ト今日トハ東西ニカハリ水モシバラク同ジ水ナリナガレ變ルナリ山ノ形チ搭タヽズ山ノ前ノ水直ニ流レ去ルハ富ル人ハ夭シ貪

關低瀉者非矣又有奇峯異石華表捍門羅星北辰之類端峙顧内此至貴至罕之水口也然水口關鎖有生成自然有增益而為之者有資墩壩嬌廟宇關者故去水之砂或天然或人為但有福之家水口年年有人堆做若年年開墾毀坎伐木禍不旋踵矣
○又曰地之大小要看聚會聚會大則大會小則小地之久暫要看來龍來龍長則長短則暫

ナル人ハ長命ナリ
○當面ノ山乱テ無格ト云ハ五星九星ノ山見分カタキ也
○當面ノ水直ク過ント云ハ関鎖ナキ水ナリ石ノ二ツアル地ハ富タル人ナレハ偽リ多キ人ト知ルベシ貪ナル人ナラハ正直ノ人ト知ルベシ
○吉地畏朝ト云ハ京大阪江戸ナトハ吉地故朝山ナシ朝山アレハ滿アフルヽ故反テアシヽ人ノ食物ヲスゴシテ

○又曰水口塞洲漲起者地必盛也水若衝之其地衰矣

◉泉水論

穴前左右有泉水者不涸不盈味甘色清氣香為吉名曰養蔭泉主出人清貴文名若色濁味淡或汚臭則出人庸愚若滔滔流出者古云地氣從泉發泄不能融結然却有流泉而結美地者有塟後而泉乾涸者有塟後仍滔滔不涸者俱不必深論

○廖金精曰養蔭池無待千外者也根

反テ食傷スルカ如シ下地ナレバ朝山ヲ貴フ也
○大河ナレバ水ノ急ニ流ル、ヲ忌ム少シユルク流ル、ヲ好ナリ大河急流ナレバ人ヲ損ズル了多シ
○京地ノ水口ハ伏見淀ノ類ヲ云ナリ
○有福ノ家ニハ自然ト福来ルナリ年々造作スル度ニ吉方位ニ叶ヒ吉事ノミ来ルナリ
又悪事来ル家ハ年々造作スル程凶来

本盛大其出無窮鍾靈最多元氣尤盛
此統會必大根基遠到
○又曰黄潦之泉色濁而味薄或近或遠之間必有積池洩出而流行也本干下濕之浸灌清冽之泉色温而味厚或遠或近之間必有天池通達而流行也根於氣血之充滿
◉天官穴
玄戈天官穴可安辰水到堂家受戮離朝入兌女貪花始因軍賊興家業終亦因軍賊破家

リ或ハ吉方ヲ毀チタリ家ノ守リニナル樹ヲ伐タリシテ凶事ノミ來ルナリ

○聚會ノ地ト云ハ京大阪江戸ノ類ナリ

○水直ニ流レ去レバ其地衰フ水口ニ嶋アリテ水直ニ去ラサレハ其地繁昌スルナリ水其地ニ衝クトキハ其地衰フナリ

○水地中ヨリ涌出ルヿ多ク外ヘ多ク流レ出レハ地氣外ニ漏レテ凶ナリ尤

○癸山天漢正光輝踴躍行龍最是奇

坤上起峰生武將離宮砂秀侍丹墀子

坤山向倶為美丁未朝來最不宜六指

欽唇兒怪異却生貴女作王妃

◉八將備艮丙巽辛兌丁震庚亦曰

大貴有峯巒齊起主貴

◉三陽起巽丙丁是也又取丙午丁

三峯高聳主貴

◉日月明離為日坎為月有峯對峙

名日月並明主貴或有午峯而無子峯

血脉ニカヽルナリ
○無待于外ト云ハ待ハ貪ト云ヿ物ノ不足スルニハ外ヨリ来ルヿヲ待ナリ外ニ待ヿナキト云ヘバ此家福壽トモニ足ナリ神代ノ巻ニ貪鈎トイフテ火火出見ノ尊悪口ナサレシヿアリ
○黄潦ノ泉ハ凶也積池ヨリモルヽ泉ニテ旱天ニハ凋ルヽナリ
○清冽之泉ハ吉ナリ天池ヨリ来ル旱魃ニモ凋ルヿナ

若得子水來朝亦吉所謂太陰得水還富豪也

◉富貴全　巽辛峯高起雙秀主聯科狀元若辛亥山見巽辛峯主拜相辛山見辛峯奇峭主出尚書若低小亦儒官秀士亥山見丙丁峯艮山見丁辛峯主出神童拜相高壽　已上是科第砂

辛秀拔主太富旺人水朝亦吉庚山見卯艮峯丙丁山見亥艮峯艮山見丁峯土中富旺人　已上是富盛砂

天官穴

三火拱照圖

シ
○辰ノ水堂ニツキ兌ニ入レハ女ハ婬乱也不實ニテ又金銀ヲ失フ
○丁未朝来ルハ不吉ナリ故ニ生ル、兒六指ナリ或ハ缺唇ノカタハモノナリ其中ニ却テ貴女ヲ生メ天子ノ妃トナルナリ
○三火拱ヒ照セバ火災アリ故ニ南ニ池ヲホリテ火氣ヲ制スルナリ

◉子女旺　艮震坎為三男有峯主旺
人巽離兌為三女峯秀三女貴
◉財帛豊　艮為貨財之府又為天祿
為紫府有山高大肥圓方正主多財帛
◉壽星崇　丁為南極老人若兌山見
丁峯高大主多壽
◉三火拱照　離為天祿火丙為地祿
火丁為人爵火三位並秀極貴但離本
火星必得乾壬二峯泄制為吉不然須
用布注法取乾金之氣生壬水以制之

○未艮ノ坑眼病腫病脚氣下利ノ類ヲ云ナリ

○破局ト云ハ井ノ水ノヿニハ非ス局ヲツキ破ル川水ノヿナリ方位ニヨリ判断スルナリ

陽宅放水亦然或面前大鑿池沼主生賢佐否則不免火災

◎凶砂類（八門缺）八封之位凹陥是也又曰坎為廣莫風主路死水災内亂艮為條風主鬼魅虎傷震為明庶風主奴婢凌主樹死絶後巽為清明風主訟獄顛狂樹壓離為景風主火災兵亾坤為涼風主絶戸兌為閶闔風主産死刀傷乾為不周風主去郷退産

◎四金凹辰戌丑未缺陥是也主翻

雷ヲ除ル法

○蘭方ニ雞卵ノ中ノ黄ナル肉ヲ出シ其穴ヨリ地龍ヲ數頭入レ満シメ上ヲ紙糊ニテ能封シ乾シ山中ノ人無キ處ノ池中ニ埋ミ置也雷其処ニ落テ外ニ不落人ヲ傷ルヿナシ本蚯蚓ハ地龍トモ土龍トモ云フ本草ニ能ク雲ヲ起スト云ヘリ

水法來去前説

○土忽ニ崩陷レハ必ス凶アリ水モ其地ニ有来リシモノ涸レハ其地ニ凶アリ家ニ有ル盆池ナ

棺覆槨

◉陽關陷　兌ノ宮低陷ル主ル兵死ヲ

◉魁罡雄　辰戌高壓主ル出賊盜乞丐

◉子ノ宮虚　艮震坎三位凹缺主ル不旺

个丁ヲ

◉祿位缺　祿位ハ見前例ニ又巳午艮亥モ

亦曰祿位ト若シ無峯不貴

◉金階平　兌低陷不貴

◉文星低　巽辛陷也主ル貴而不祿

◉天柱折　乾宮凹也主ル夭亡若シ有ハ戌

ト水漏ルト其家運氣衰ナリ又山ノ崩レ落ル﹂アレバ必ス家ニ祟ルト可知庭或ハ門前ナド穴アク﹂アリ早ク補ヘシ此家ニ祟ルノ前表ナリ柱石ノサカル﹂アリ凶ナリ

○若山ヤ谷ニ居ヲ求ルハ風ノ當ラヌヤウニ囲ベシ風アタレバ福ヲ散スナリ風ノ吹込﹂ヲ忌ム

○平陽ノ地ニ宅ヲ求ルニハ水ノ還リ囲ヲ以テ吉トス

乾風吹穴尤緊

◎壽山傾　丁山低缺主夭亾

◎天母虧　坤宮凹陷主出寡母損陰

人

◎賊旗視　辰戌有旗山主出大盜

◎田祿來　寅午戌有缺陷主火災同

祿之氣隨風而來也

◎衡星壓　卯為陽衡忌高壓主切名

蹭蹬蓋卯乃太陽所出之門山高則日

晏遲滯之象也

○宅ニ忌ハ水ノ尾ト水ノ源トナリ水法ハ中分ニ取ルヲ吉トス
○宅ニハ神前佛後ヲ忌ム神廟寺觀ノ前後ハ氣脉泄ナリ且祟ヲ受ルヿアリ故ニ忌ナリ
○屋ヲ造リ墳ヲ築テ子孫繁昌ノヿヲ願バ常々仁義五常ヲ守リ仮ニモ悪キヿヲナサズ陰徳ヲ積ヘシ是レ天地自然ノ理ニシテ善人ハ自カラ吉地ヲ求メ悪人ハ自カラ悪

◎倉庫倒　辰戌丑未為四庫山若斜側破碎倒攛主貧乏
◎財帛散　艮為財帛若砂皆散乱或凹陷主貧窮
◎墜胎生　子癸丑有墩阜主墜胎在戌乾方主盲聾在午方主中子瞎
◎横財水　陰山陰水朝陽山陽水朝是也主發速
◎金帶水　庚酉辛水繞抱是也又云兌丁是

地ヲ求ルナリ人ヲ損シ己ヲ利セントト思フトモ天ヨリ反テ禍ヲ下シ玉フナリ然レハ吉地ヲ得ルモ悪地ヲ得ルモ皆天ヨリ玉ハルナレハ悪心ヲ改テ善心ニナリテ吉地ヲ求ムベシ必ス天道ヨリ福玉ヒテ万々年モ福壽永昌ノ人タルベシ

○後京極摂政殿作ノ作庭記ニ小池遣水ノ方位ヲ定ルニ東ヨリ南エ向テ西ヘ流スヲ須流トス

◉銀帯ノ水　艮水遶抱是也艮為銀寶之地又云艮丙是ナリ

◉官曜ノ水　艮山ハ兌水兌山ハ艮水坎山ハ癸水癸山ハ坎水離山ハ壬水壬山ハ離水震庚亥未ノ山ハ見巽水ヲ巽山ハ見震庚亥未ノ水ヲ皆陰陽正配不相混淆故ニ主催官發財禄ヲ

◉金門華表ノ水　巽ノ水流レ艮ニ主ル女ノ為ルヲ妃ト

◉金馬玉堂水　巽ノ水入レハ西兌辛方ニ主ル貴人朝班翰苑ノ聲名ヲ辛水遶轉ニ丁方ニ主レ

西ヨリ東エ流スヲ逆流ト云然レバ東ヨリ西エ流スハ常ナリ又東方ヨリ入テ未申ノ方ヘ出ス最モ吉ナリ青龍ノ水ヲ以テ諸ノ悪気ヲ白虎ノ路エ洗ヒ出スナリ其家ノ主人疫気悪瘡ノ病ナクシテ身心安楽寿命長遠ナルヘシト云ヘリ

○又曰弘法大師高野山ニ入テ勝地ヲ求メ玉フ時一人ノ翁ニアヘリ大師問曰此山ニ別所建立

清秀奇才

◉人丁催官水　丙水流丁兌出主人丁旺盛榮貴又云丙兌兌丙

◉正官財帛水　巽水流西入亥得兌震山高應主資財巨萬又云巽兌

◉正官寶街水　兌水流入巽又兌峰秀抜主子孫貴顯

◉風聲水　巽巳水不宜破陽局坤申水不宜破陰局俱主淫慾風聲

◉離郷水　離壬寅戌四水是也離者

スベキ所アリヤ翁曰我領山ニ晝ハ紫雲タナビキ夜ハ霊光ヲハナツ五葉ノ松アリテ諸水東ヘ流タル美地アリト云ヘリ是諸水ノ東ヘ流レタルコトハ佛法東漸ノ相ヲフラハセルカ如シ甚義ナラバ人ノ居所ノ吉例ニハアタラザランカトアリ然レハ居宅ノ水ハ東ヨリ坤ニ流ル、ヲ吉トスルナリ
○又曰平陽ノ地ニテ水路ノ高下ヲ見

離去也壬寅戌隷干離也凡此四水破局來去者吉地則離鄕富貴凶地則逃竄

◉ 回祿水 午為陽火丙為陰火二官之水兼朝溷雜必主火災若單朝不忌寅午戌三合火局若倶有水來去或回鈌受風皆主火災乙辰水來去破陰局謂之帶殺火亦主火災

◉ 瘟癀水 震山戌乾水艮山未坤水兌山丑癸水巽山戌水離山艮寅水坎

ルトハ一尺ニ三分一丈ニ三寸十丈ニ三尺ヲ以テ法トスベシ竹ヲ割テ地上ニ仰ケフセテ水ヲ流シ試ミテ定ムベキナリ水ノ源ト高キ地ハ此論ニ及ハズ

○元來立タル石ヲ伏セ伏セタル石ヲ立ルニ其必靈石ト成テ崇リヲナスヘシ

○平ナル石ノ元來フセタルヲソバ立テ高所ニテモ下所ニテモ家ニ向ツレハ遠近ヲ不嫌崇ル

山丙午水乾山卯水坤山巳水

◉ 癆瘵水　乙辰水戌乾水未坤水倶以破局為驗凡四墓龍脉及惡砂尖射入懷或凹風吹穴朝水破局皆主癆瘵

◉ 鰥寡水　乾水破陰局主出鰥夫痼疾坤水破陽局主出寡母淫風更主絶嗣兼未主私通僧道亦須兼砂斷之

◉ 少亡水　辰水戌乾水坤申水破局是也

◉ 絶嗣水　乾向有坤水是也戌乾向

ヘシ
○高サ四尺五尺ニ成又ル石ヲ丑子ノ方ニ不可立靈石ト成或ハ魔縁入来ノ便ト成故ニ其所ニ人住コト不久但未申方ニ三尊石ヲ立向レハ祟リヲナサズ魔縁ノ入来ルコトナシ
○家様ヨリ高キ石ヲ近ク不可立是ヲ犯セバ凶事不絶家人住シカタシ但堂社ハ其ハカリナシ
○三尊ノ立石ヲマリシク寝所ニ向フ

快甲乙ノ向慢
◉痼疾水　子癸ノ水破局ヲ主ル腫脹落水ニ自縊血崩痔漏大脚六指缺唇午ノ水破レバ局ヲ主ル瞎眼辰戌丑未ノ四ノ水破局ヲ主ル痼疾横逆戌乾ノ水破局ヲ主ル瘖瘂盲聾瘋跛辰水破局ヲ主ル缺唇露齒瘖瘂耳聾寅甲ノ水破局ヲ主ル瘋跛殘疾盲目駝背又云未艮ノ二方ニ有深坑ヲ主ル三子皆青盲
◉悪死水　癸ノ水ハ主ル溺水毒藥甲ノ水ハ主ル自縊木石ノ壓ヲ午ノ水ハ主ル牢獄火焼丑ノ水ハ主ル

ヘカラズ少シク余方ヘ向ヘシ是ヲ犯ハ不吉ナリ
○庭上ニ立ル石舎屋ノ柱ノ筋ニ不可立是ヲ犯ハ子孫不吉悉事ニ依テ財ヲ可失
○家ノ椽ノ辺ニ大成石ヲ北枕並ニ西枕ニ伏ツレハ主人一季ヲ不過凡大成石ヲ椽近ク伏コハ大ニ憚ルヘシ主人止リ住スルコナシ
○家ノ未申方柱ノ辺ニ石ヲ不可立家ニ病不絶

切兵甲水主陣亡乙辰水主木壓乾水主石壓寅水主虎咬巳水主蛇傷皆要破局始驗

◉ 横沃天水　辰戌為天羅地網故二水破局主凶惡死（川水局ニ衝ヲ云フ）

◉ 寇盗水　乙辰水辛戌水寅甲水丑癸水坤未水破局是也吉地常遭盗寇凶地多出盗寇要兼砂看（四隅ノ水局ニ衝也盗難トス若此地相吉ナレバ盗賊ニ遭ナリ若其地相凶ナレバ盗賊ヲ出ス）

◉ 乞丐水　辰戌二水破局穴前順去

○未申方ニ山ヲ不可置但シ道ヲ通ハ憚ナシ山ヲ忌コハ白虎ノ道ヲ塞ガサラン為ナリ
○山ヲ築テ其谷ヲ家ニ不可向是ニ向ハ女子不吉又谷ノ口ヲ家正面ニ不可向少シ餘方ヘ向フベシ
○臥石ヲ戌亥ノ方ニ不可向是ヲ犯ハ財物倉ニ不留奴畜集ラズ戌亥ニ水道ヲ不通トハ福德戸内ナル故ニ流水時ニ可憚

直流ノ無砂ノ收攔主出乞丐ヲ（乞丐ノ水ハ正中ヨリ直ニナカレ去ルナリ）

● 屠宰水　辰戌丑未四水交流是也
以人ノ其為四殺故爾

● 螟蛉水　乙水卯ノ水乙辰ノ水辛戌ノ水
乾ノ水來テ去破局ヲ是也

● 悖逆水　辰戌ノ水破局也（悖逆ノ水ハ不忠不孝放蕩モノヲ出ス）

● 妖魅水　又名左道ノ水ト丑未水破局ヲ也（家ニアヤシキ事アルナリ）

○東方ニ餘石ヨリ大ナル石ノ白色ナルヲ不可立其主人犯サルヘシ余ノ方ニモ其方ヲ尅スル色ノ大成石ヲ不可立

○靈石ハ高峯ヨリ丸ハシ下スニ落立ル所ニ石本座ニスハリ不違如此ノ石ヲ不可立可捨之也

○峯ノ上ニ又山ヲ不可重崇リヲナスナリ

○池ハ亀或ハ鶴ノ姿ニ堀ヘシ水ハ器ニ随テ其形ヲナス

◉毒薬水　癸ノ水丑ノ水交リ流テ破ル局是也（薬ヲ煎ズルニハ用ベカラス必ズ死ス）

◉墮胎水　子癸水破ル陰局ヲ巽巳水破ル陽局ヲ（墮胎ノミニアラズ難産ニカヽルナリ）

◉脚疾水　乙艮曲脚切ニ須ク防ク内犯ニ自縊外ニ犯亡（脚疾水ハ足腰ニ病アリ中風ノ類ナリ）

◉自弔水　辰戌丑未卯巳午多ク主ル少年ノ人弔死陽ハ男陰ハ女斷之（自弔水ハ四墓ト卯巳午ノ水衝ハ斂難アリ）

◉雷驚水　亥卯未三合水同ク見ハ主ル雷

モノ也又祝言ヲ仮名ニカキタル姿ナト思ヒ寄テ堀ヘキナリ
○池ハ浅カルヘシ深ケレハ魚大ナリ魚大成ハ悪虫成テ人ヲ害ス
○池尻ノ水門ハ未申ノ方ヘ可出ナリ青龍ノ水白虎ノ道ヘ向テ悪水ヲ可出故ナリ池ハ常時々ニサラヘテヨシ
○戌亥ノ方ニ水門ヲ不可開是壽福ヲ保所ナル故ナリ
○古キ所ニ自カラ

驚墓及傷人震山見亥未二水来去亦是也

◉作法秘旨歌　廖公傳

龍穴砂水與堂氣生成自天地于中作用本由人有術驗如神第一傳與點穴法仔細去看踏前後左右要消詳切記莫慌忙第二傳與開塋訣濶狹依師説若逐鍬破大極圏水蟻便侵棺第三穿井要詳悉淺深須用術個中造化極精微莫語衆人知第四作堆各有制不可言容易五行

作用ノ説

祟ヲナス石ナト有ハ尅石ヲ立テ交エレバ祟ヲナサス但シ尅スル石トハ譬ハ赤キ石祟リヲナセハ黒キ石ヲ立テ交ユベシ又青キ石祟レバ則白キ石ヲ立交テ制之又三尊ノ立石ヲハ遠ク立向ヘシ

○作ハナストヨマシテ造作スルヿナリ用ト云ハワノ造作ニ法アルヲ用ルヿナリ

○第一點穴ノ法ト云ハ家作地取ヲ見

相尅有吉凶災禍便重重第五放水宜歩數起卦用天父先量坐下後朱雀陰陽有凶吉第六取路遺迂曲要合木星局莫挨白虎避黄泉犯着禍連連第七發形須想像當把九星相只論形穴誤人多星体没偏頗第八畫圖要法度筆工休教誤看圖富貴便能知紙上露玄機第九課驗宜眞實仙蹤從此出莫談輕異使人疑禍福去詳推第十傳授休輕泄得人方可説仙翁説戒鬼神知後

ル法ナリ
○第二開塋ト云ハ墓地ヲ取ルノ法之
○第三穿井ト云ハ井泉ヲホルハ勿論墓ノ穴ヲホルノ法ナリ
○第四作堆ト云ハ家作ノ法土ヲ堆上ケ或ハ高塀築地壇等ヲ作ル法ナリ
○第五放水ト云ハ家居塋造トモ水道ヲ著ケ水ヲ拔方角ノ法ナリ
○第六取路ト云ハ木星ノ生成ノ局ヲトリ白虎ノ殺方ト

學請導依惟此十傳名秘旨盡是廖公語廖公緘口不傳人著論自藏身

◉點穴法 据趕通用其法有十 正穴名 地理所謂穴者本人身灸穴為義故居人葬骨之所皆謂之穴言其不可少有差也故曰若还差一指如隔萬重出以四用言之京都以朝殿為正州郡以公所為正宅舍以中堂為正墳墓以金井為正

◉避惡殺 凡穴前左見山射則穴宜左左有山壓穴宜右右有山壓穴宜左

黄泉ノ陰氣ヲ忌ナリ白虎ハ西方破軍ナリ故ニ忌ナリ
○第七吉凶ヲ星ノ形ニテ見ル法ナリ
○第八ハ畫圖ヲ叮嚀ニ見ヨト云コトナリ
○第九ハ此法ヲ暗記セヨト云コトナリ
○第十ハ此法ハ大事ノ秘密ナリカルぐ〵シク人ニ傳ヘナト云コトナリ

此趨吉避凶之道也

◉立哇形 哇形必圓前若峻削須做二級凡高山則擁成平崗則堀就其濶狹有制以玉尺量之凡塋除水溝并金井之外不可掘鑿皆要存實玉若鋤破四圍則傷殘眞氣

◉量玉尺 書云玉尺度其遠邇蔡氏云其數生于黄鍾今之尺當八寸為則按尺法不一牧堂子皆精于律呂故其言可信今尺惟塋造曲尺通行四方以

點穴ノ法

○點穴ノ法ト云ハ宅ニモ墓ニモ用ル処ヲ穴ト云ナリ
○四用ト云ハ京ニテハ御所田舎ニテハ御城家ニテハ中ノ間墓ニテハ葬穴ナリ
○金井ハ穴ノ正中ナリ

哇造尺八寸為一尺分十寸凡度瑩潤狹量壙深遠皆用之

◉起星尺　用天父卦起星作墳用天父卦訣　乾弼離破軍兌貪震巨門巽廉艮武曲坎文坤祿存　其法以貪巨祿文廉武破輔弼九星起尺毎一尺起一星得貪巨武蓋瑩吉貪發小巨發中武發長輔二房均平法以來脉為主從壙心量起如乾甲山脉一尺弼二尺貪三尺巨四尺祿五尺文六尺廉七尺武

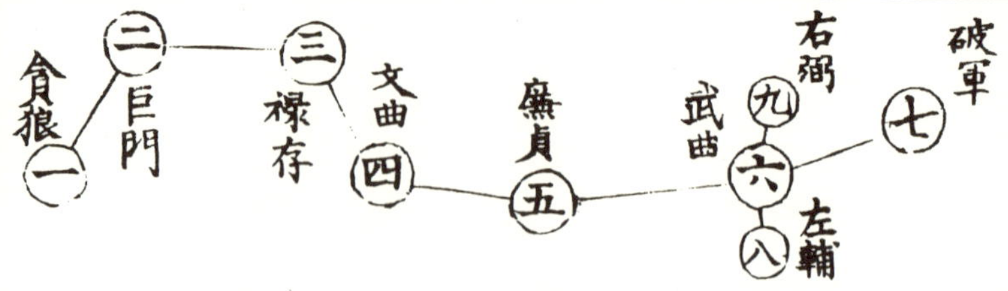

八尺破九尺輔一丈又弼之類若圓暈狹作七尺稍潤作九尺極潤作一丈二尺當隨圓暈潤狹寧可不及不可大過

大父卦定局附後

弼 乾甲山

七尺武曲　九尺輔生　一丈弼星

丈一貪狼　丈二巨門　丈六武曲

祿 坤乙山

六尺輔星　七尺弼星　八尺貪狼

九尺巨門　丈三武曲　丈五輔星

起星尺説

○地面家造葬究方事廣狹此法ヲ以幾尺ニテモ順番ニ算シ可レ用ナリ
○乾甲山弼ヨリ起ス
○坤乙山禄存ヨリ起ス
○坎癸申辰山文曲ヨリ起ス
○離壬寅戌山破軍ヨリ起ス
○艮丙山武曲ヨリ起ス
○巽辛山廉貞ヨリ起ス
○兌丁巳丑山貪狼ヨリ起ス
○震庚亥未山巨門ヨリ起ス
避一惡殺ヲ
射レ山八衝破ル恐レ

(文) 坎癸申辰山
六尺弼星　七尺貪狼　八尺巨門
丈二武曲　丈四輔星　丈五弼星

(破) 離壬寅戌山
五尺巨門　九尺武曲　丈一輔星
丈二弼星　丈三貪狼　丈四巨門

(武) 艮丙山
六尺巨門　一丈武曲　丈二輔星
丈三弼星　丈四貪狼　丈五巨門

(廉) 巽辛山

アリ
歷山モ崩ル、恐レアリ
左ニ射ルハ
左ニ互シ

(貪) 兌丁巳丑山

五尺弼星　六尺貪狼　七尺巨門
丈一武曲　丈三輔星　丈四弼星
六尺武曲　八尺輔星　九尺弼星
一丈貪狼　丈一巨門　丈五武曲

(巨) 震庚亥未山

五尺武曲　七尺輔星　八尺弼星
九尺貪狼　丈　巨門　丈四武曲

(●) 穿壙法
安甃獨用ニ論ニ法度一
其法有レ亡　凡穿壙
僅容レ棺則止若シ太タ寛闊ナレバ則泄レ漏生氣一

左ニ壓山アレハ穴右ニヨロシキ圖

石太厚亦能隔絶生氣開鑿太久則能散失生氣唐一行惟宜三日之内凡生塋只宜開塋不宜穿壙雙穴只以一穴為正

◉定浅深　書云藏于涸燥者宜浅氣升脉存故宜浅葬于坦夷者宜深氣降脉沈故宜深經云浅深得乘風水自成大概如此法用小繩于暈心標準量至暈下弦標準得玉尺幾尺即浅深之法此為定法

立雄形

○墓地ノ近所ニ穴ヲ掘ルヿヲ禁ス地氣ヲ泄ニテ不吉ナリ

量玉尺

○此段ニハ鉸尺ヲ用ル釈ヲ云ナリ

起星尺

○圓暈ヲ見ル法ハ理気ヲ以テ考ベシ図ヲ以テ示シカタシ形気ノ圓暈ハ備中下道郡南山ノ古墳壺輪ト云モノアリ是古代ノ圓暈ナリ左ニ図ス

◉起星尺　用飛宮卦起星以貪入中順飛訣曰　巽山右弼乾巨門離起廉貞兑禄存坎山武曲艮文曲震起左輔坤破軍　其法以貪巨禄文廉武破輔弼九星起尺毎卦一尺起一星値貪狼發少位値巨門發中位値武曲發長位値輔弼三位均平法得貪巨武輔弼値穴吉以來脉為主從墳心上面量起如坤乙山脉得一尺破二尺輔三尺弼四尺貪五尺巨六尺禄七尺文八尺廉九

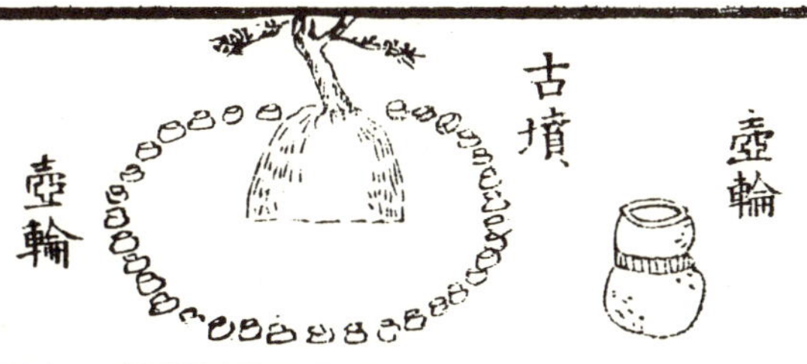

尺武一丈破之類若玉尺數淺作三尺稍深作五尺極深作九尺厚薄隨玉尺淺深寧可不及不可太過八山尺數定局附後

(巨) 乾甲山

五尺武曲　七尺輔星　八尺弼星
九尺貪狼　一丈巨門　丈四武曲

(破) 坤乙山

四尺貪狼　五尺巨門　九尺武曲
丈一輔星　丈二弼星　丈三貪狼

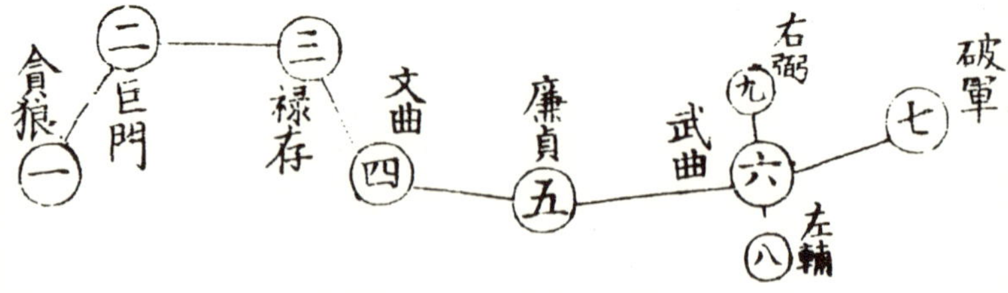

㊣武 坎癸申辰山
四尺弼星　五尺貪狼　六尺巨門
一丈武曲　丈二輔星　丈三弼星

㊣廉 離壬寅戌山
四尺輔星　五尺弼星　六尺貪狼
七尺巨門　丈一武曲　丈三輔星

㊣文 艮丙山
五尺輔星　六尺弼星　七尺貪狼
八尺巨門　丈二武曲　丈四輔星

㊣弼 巽辛山

○地面家造葬穴方事ニ浅深此法ヲ以幾尺ニテモ順番ニ討可用ナリ
○乾甲山巨門ヨリ起ス
○坤乙山破軍ヨリ起ス
○坎癸申辰山武曲ヨリ起ス
○離壬寅戌山廉貞ヨリ起ス
○艮丙山文曲ヨリ起ス
○巽辛山右弼ヨリ起ス
○兌丁巳丑山禄存ヨリ起ス
○震庚亥未山左輔ヨリ起ス

二尺巨門　七尺武曲　九尺輔星
一丈弼星　丈一貪狼　丈二巨門

(禄) 兌丁巳丑山

四尺武曲　六尺輔星　七尺弼星
八尺貪狼　九尺巨門　丈三武曲

(輔) 震庚亥未山

四尺巨門　八尺武曲　一丈輔星
丈一弼星　丈二貪狼　丈三巨門

● 起寸白九星與玉尺浅深数合有餘則以寸白吉星裁之如不足則以寸

●穿壙法
棺ヲ納究ハ棺ノ大小ニ随テ穿ヘシ廣ク穿ルヿヲ禁ス廣クホリ土ヲ多ク動カセバ地氣ヿ泄シテ凶トナルナリ

●定浅深
天地ノ間ニ動クモノハ風ト水トナリ地不動日月ノ動クモ人ノ言モ皆風ナリソレ故此術ヲ風水ノ法ト云ナリ

白吉星増之訣曰　乾起四緑震七赤巽起五黄坎二黒坤起三碧兌九紫離起八白艮六白其法以一白二黒三碧四緑五黄六白七赤八白九紫起寸毎一寸起一星得紫白値究吉以來脉為主如艮山脉一寸六白二寸七赤三寸八白四寸九紫五寸一白六寸二黒七寸三碧八寸四緑九寸五黄之類尺寸倶吉為上尺凶寸吉為次合玉尺深浅數亦可寸白定局附後

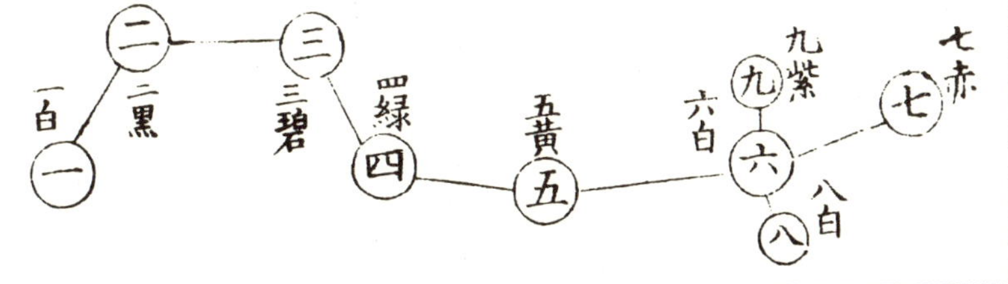

四　乾甲山　三寸六白　五寸八白
六寸九紫　七寸一白

三　坤乙山　四寸六白　六寸八白
七寸九紫　八寸一白

八　離壬寅戌山　一寸八白　二寸九紫
三寸一白　八寸六白

二　坎癸申辰山　七寸八白　八寸九紫
九寸一白　五寸六白

六　艮丙山　一寸六白　三寸八白
四寸九紫　五寸一白

○星尺浅深廣狭トモ數ニ余リアレバ則此寸白ノ吉星ヲ以テコレニ増小ナル物此寸ニテ計ルヘシ

○乾甲山四緑ヨリ起ス

○坤乙山三碧ヨリ起ス

○離壬寅戌山八白ヨリ起ス

○坎癸甲辰山一黒ヨリ起ス

○艮丙山六白ヨリ起ス

○巽辛山五黄ヨリ起ス

○兌丁巳丑山九紫ヨリ起ス

○震庚亥未山七赤ヨリ起ス

㊄巽辛山　二寸六白　四寸八白　五寸九紫　六寸一白

㊈兌丁巳丑山　二寸一白　七寸六白　九寸八白　一寸九紫

㊆震庚亥未山　二寸八白　三寸九紫　四寸一白　九寸六白

◉辨土色　書云夫土欲細而堅潤而不澤截肪切玉備具五色夫乾如聚粟濕如剉肉水泉砂礫皆為凶宅又曰陰陽衝和五土兼備已穴而温二吉也註

右星尺寸白ノ法万事ニ用テ災ヲ除キ子孫富貴増長ノ法ナリ

○九州ト云ハ唐ハ天下中ヲ九ツニ分ケ九州ト云ナリ日本ハ八ツニ分チ大八洲ト云フ

○地ヲ見ル法ハ地形ヲ主ニナリ土ノ色ハ次トナルナリ

○墓地ニモ水アレハ溝ヲ開キ水ヲ放ツヲ吉トス宅地ニモ水ヌキ悪ク湿地ナレハ水ヲ放チ或ハ炭ヲ埋ミ小石ヲ

辨土色

云得勢與形而土色不佳亦不貴也今按九州土壤不同而燥濕亦異難以究論形勢土色俱全為美多見形勢不吉而土色俱備用之者禍不旋日形勢自吉而土色不備用之者常臻富貴不可執一論也水泉砂礫然龍真穴正則自無之有之則非真龍正穴明矣又有驗穴法燃燭穴中燄動而即滅者有地風也是翻棺轉屍大凶然此外面必有風射穴自此可見何待乎試驗或謂穴必

考證應

理ミ湿氣ヲ去ヘシ○預トハ下地ヨリ心得ヲクヿヲ云預スリヿナカレト云ヘハ家居ノ地取モ壙穴ヲ堀ルヿモ其時ニノゾンテ求ルヲ吉トスルナリ然レハ六十圖ヲ作リ百年モ先ノ吉凶ヲ見ルハ非ナリト云ヘシ百年先ヲシルハ定法ニテ其時ニノゾンテ吉凶ヲ見ルハ変法ヲ知ルナリ二ツヲ兼用スルニ非サレハ秘蜜ヲ悟ルヿナシ譬ハ醫

有水宜開溝放之乃佳

◉考證應　穴中證應于地之吉凶本無預先輩假來以神其術耳然渉怪談毎為明理者所鄙師傳透山光分二十四向眞正有驗又有入山尅應可與曆書參用

◉透山光　用縫針定山脉

子山有石夾土及鼠蛇形

癸山有刀斧及蜈蚣形

丑山有蜈蚣形及鐵器

書ノ内經トテモノ二人ノ形ト肉トヌゲタル人ハ脉ハ譲トモ死スルトアリ然レハ脉ハ特ニナラスト可知又脉ニ有餘人ハ形ト氣ト不足スルト云ヘトモ生ト云ヘハ然トモハ脉カ又特トナルナリ惟其特ベキヲ知ルトキハ又時ベカラザルヲ知ル也山法モ又如此心ヲ此術ニ尽サザレハ此道ヲ悟リガタシ且又山法及宅相ハ天理ニ叶ヒ日月星辰ノ

艮山有麻石(ムギアルイシ)下有二色土
寅山有十字石及板石
甲山有五色土及黄土(ワウド)
卯山有生物器物(ウツハモノ)土卵(ツチタマゴ)
乙山有亀形及照鏡圓石(マルイシ)
辰山有硃(シユ)砂及器物
巽山有小蛇形及白石
己山有板石(ヒラタイシ)及蜈蚣(ムカデ)形
丙山有板石及亀形
午山有鐵器物(テツノキ)

吉方ヲ求ル𪜈其主人タル人ノ心法ヲ根本トスルナリ假令郭璞九升ノ如キ人ニ山法ヲ求ム𪜈其主人タル人心法不正レハ万事画餅ニ帰ス山法水法ヲ予ニ矩サント思フ人ハ必ス心法ヲ正直正路ニメ仮ニモ悪事ヲナスヿナカレ心法不正ノ方位ノ悪ヲ忌ハ薪ヲ負テ火ヲ救ガ如シ

丁山有ニ炭煤青石一

未山有ニ白石土卵黄土一

坤山有ニ蜥蜴形及黄色ノ石一

申山有ニ黄石及小蛇ノ形一

庚山有ニ土卵及白石一

酉山有ニ金星ノ土石一（石中ニ金イロノホシアリ）

辛山有ニ壇石及白石一

戌山有ニ土窟及石鏃一

乾山有ニ五色ノ石一

亥山有ニ五色ノ土卵磨石一

透山光之圖

壬山有鐵器瓦及生氣物

◉考制度　記曰古者墓而不墳土之高起者曰墳至周始立制度塚人墓人丈夫掌之天子墳高一丈諸侯八尺大夫六尺士四尺庶人不封漢增其制列侯墳高四尺關内侯至庶人各有差自是庶人亦有墳矣其形有四有若堂者堂形四方而高有若坊者坊形至殺而長有若覆若屋者厦屋金門其形傍廣而卑有若斧者形旁殺鋭上而長後世諸家推五行之象求相生之義增益其形為五

麻石　十字形石　板石　土卵　亀形石

導用至今的然有準不可忽也

◎定形體　凡有形體則有吉凶順其理則吉逆其理則凶築土為壟可不謹乎其圓者為金堆直者為木堆曲者為水堆尖者為火堆方者為土堆太陰太陽孤曜穴屬金宜作水堆金木掃蕩穴屬水宜作木堆取相生之義其間或有不同者詳見穴星篇

◎審高低　堆有高低皆順山勢高山宜低平地宜高藏風也太槩如此法取

鏡圓形石

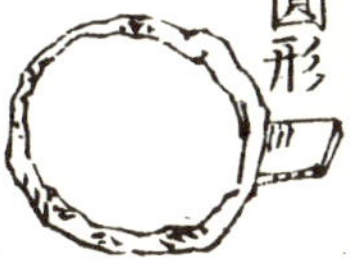

蜥蜴形石

金星土石

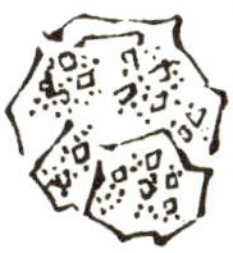

壙中尺數為之。如內深五尺、則高五尺之類。其濶狹居塋之半。如塋濶一丈、則堆濶五尺之類。亦須要合宜。

金堆

磬堆

穀堆

蒸餅堆

偃月堆

木堆

蠶繭堆

水堆

荅堆

帽堆

壇石

瓦形石

鐵器

火堆
馬鬣堆

土堆
玉臺堆

龜堆

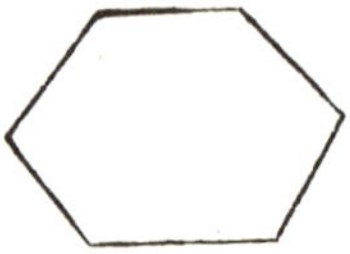

○金堆腦圓身上小下大于五行屬金高者爲磬堆次高者爲轂堆平地宜之低者爲蒸餅堆高山宜之或土擁或磚砌皆可土聚穴不宜砌凡天財穴諸體皆用此葬後便發先進田產紫氣穴忌用立退血財亦難得發越也

周世墳制

○偃月堆腦圓身正後高前低不開水溝形如偃月本是金土合形于九星皆無所忌凡高山平地吞穴必用之以其能蓋穴或土擁磚砌皆可土聚穴不用磚砌脈穴諸體宜塟後便發先出女貴

○木堆腦圓而長前後圓而狹左右直而廣形如蠶蠒本是金木合于九星皆無所忌凡高山平地吐穴必當用此以其能合穴也或土擁或磚砌皆可土聚穴不用砌金水穴諸體尤宜塟後便發

漢世墳制

〇天財ハ土星ノ穴ナリ吉トス
〇紫氣ハ火星ノ穴ナリ不吉トス

生貴子
〇水堆脳圓身匾疊爲數級上小下大五行屬水高者爲塔堆平地宜之低者爲席帽堆高山宜之或用磚石砌成或只用築土培成凡太陽太陰孤曜穴如此葬後便發先進横財天罡燥火穴忌用立退家業發越亦遲
〇火堆脳尖面平前高後低而長上薄下廣于五行屬火形如斧郎古所謂馬鬣封是也須用磚石砌成紫氣穴體用

○水ハ十干ノ方ニ放テ十二支ノ方ニ放コトヲ忌ム宅中ノ水ヌキハ蓋ヲシテ内ヲクラクスルヲ吉トス故ニ暗溝ト云フ

○水ヲ之玄ニ去ルト云ハ之玄ノ字ノ形ニ水道ヲ作ルナリ

○生蛇ノ形ト云ハ吉

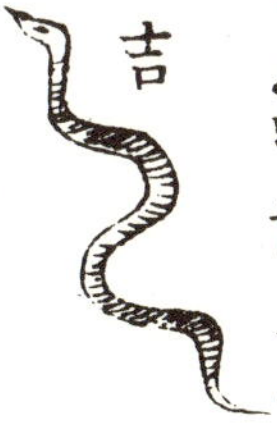

生タル蛇ノ如クナルヲ云ナリ之玄生

此犁後便發先旺人口次進田財太陰太陽孤曜忌用立見家業銷鑠歳久方發

○土堆腦平身圓上狹下廣干五行屬土高者名為玉臺平地宜之低者謂龜堆高山宜之或土擁或磚砌皆可土聚不用磚砌凡天罡燥火諸體穴用此理後即發先進田產旺蠶絲金水掃蕩忌紫氣穴忌

◉放溝水

狐首經云穴放溝水出于

嫌衝破

蛇トモニ水ノ曲形ヲ云ナリ吉トス

斗斛 凶

人ヲコロス 凶

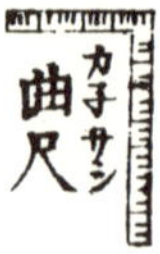

折メ〱ハユル〱曲ルヲ吉トス量ノ角ヤ曲尺ノ形ノ如ク角立ハ大凶也

衝破ノ圖

路家ニツクハ凶ナリ

人為禍福所係審擧是非今按宅水只宜開暗溝皆可從木星局吉位上放出陽山只放乾甲坤乙壬癸六向水陰山宜放艮丙巽辛丁庚六向水不用十二支辰所謂一龍生從地下來萬水放從天上去是也用天父卦起星一歩起一星得貪巨武輔弼吉星為一折如坐下來山屬震則起巨門五歩得武曲巨門起星則五歩為一折折處要如生蛇屈曲之狀不可如斗角曲尺犯之殺人又

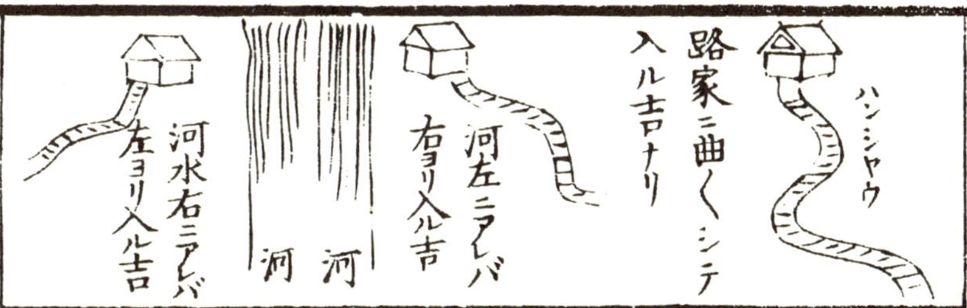

須避木星局燥火（羅計）方勾陳（惡星）大殺（歳殺）方八方瘟火方四維穀將方不可沖犯流破只放天干不放地支

◉嫌衝破　凡路最嫌當面直來謂之衝破主宅不安必須曲曲而入若穴水倒左則從右畔入穴水倒右則從左畔入古人云朝者亦非直來之謂大低與繞減相似須貴其來又嫌其衝也

◉論宜忌　路宜繞青龍謂之旋身主財貨積聚忌繞白虎謂之帶索主官非

○青龍ハ東ヨリ入ル路ナリ吉トス
○白虎ハ西ヨリ入ル路ナリ凶トス

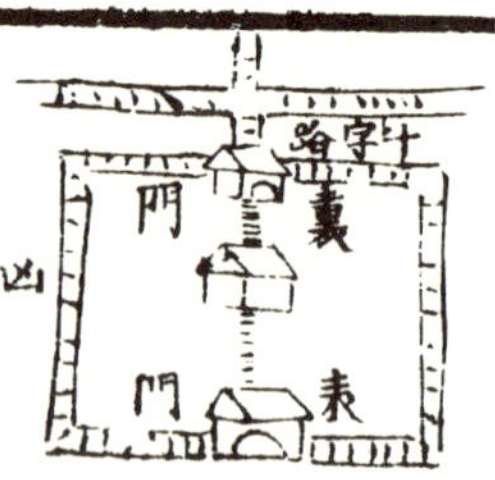

裏門ニ當リ十字ノ路アルハ大凶ナリ少年ノ狂死ナリ

明堂ノ中心ニ井アレハ貧窮疾病アリ

連綿四獸脊上有十字路主狂死少年明堂中心有井主貧窮疾病兩横一直路名曰扛屍主虎傷刑徒乾上艮巽上路交者貪若坤申上路交者淫艮上路交者子死艮乃鬼門也四方有路圍宅墓者主世出癲瘋之人最有驗

◉金井布氣説

夫布氣者所以運五行吉氣而控制山川凶惡者氣虚則行且口鼻虚則通元氣出入而生口鼻息則元氣壅滞而死如一陽初動葭灰潛

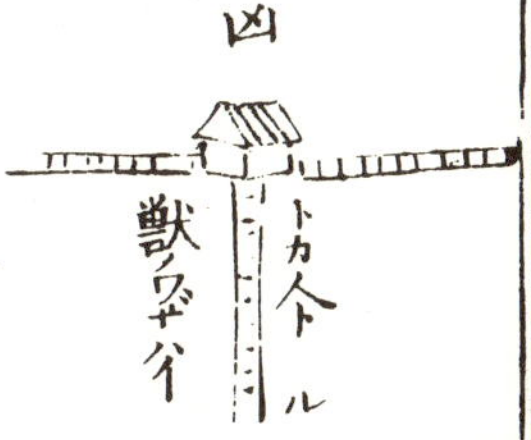

兩横ニ直路アレバ刑罪ヲ主リ獣ニ傷ラルヽナリ

乾上艮巽上路交ルハ貪ナリ此道ノ交

興夫管虚則受氣而灰飛書云土圭測其方位玉尺渡其遠近又曰内秘五行皆為布氣言也或曰先賢作墳宅固或如是其道久没世人罕能而百年之間所營墳宅富貴所限豈皆行氣應之也子應之曰氣之在旦夕薫蒸鮮不通者但分福應之遲速耳如悪氣行地覆棺覆屍亦未嘗遵之而使其行則吉氣之行地可知矣但不能控制砂水凶悪有微疵則禍福相半古人所以奪神功改

リ坤申ニアレハ淫乱ナリ艮ニ交レハ兒死スル艮ハ鬼門ユヘナリ少陽ノ方故子死スルトスルナリ図ヲメグラシテ可知

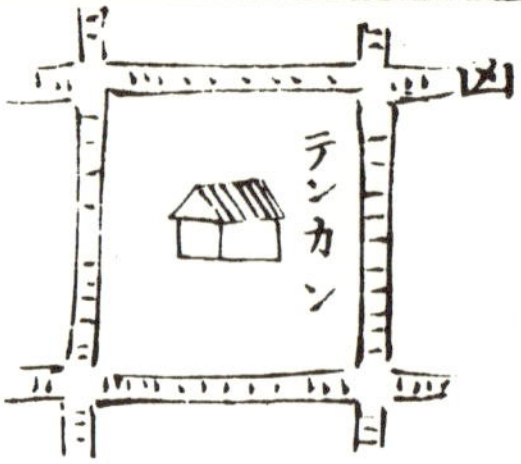

家ノ四方ニ路アレハ癲瘋ヲ出スナリ最験アリ今モ田舎ニ此造リ多シ考合

天命豈虚語哉

◉控制之法

凡控制之法以凶砂凶水之位所属之五行死病墓絶之氣行絓制之如辰戌砂水凶悪其位属土土死在卯則卯氣制之餘傚此更得尅其方之氣尤佳如卯又能尅辰戌土也用死病墓絶氣制之者悪人雖欲害己彼既死病焉能害我哉行墓氣須避正墓方如要行辰而辰係悪殺不行辰而行巽是也

ノ知ルベシ但シ此モ家ノ大小ニテ判断カワル京ノ御所御城ノ如キハ内ニ人多キ故ニ四方ヲ行人ノ氣ヲ受ケズ故ニ此患ナシ四方ノ往来人ト内ノ住ム人トノツリ合ヲ考ヘシ

○冬至一陽来復スルナリ地中ヨリ陽氣発スルヲ葭中ニ灰ヲ入レテ地中ニ立ソノ灰ヲ下ヨリ陽気ヲ吹出スヲ以テ来復ノ起ルヲシル冬至是ニテ定ル

○九升曰丙午水竝至凡陰陽二宅必犯田祿火死酉戌亥故注兌亥之氣制之則無火患賴公曰遊魂陰樞水竝入寅午戌歲燒天紅犂穴若沉兌亥氣回祿潛制應無蹤蓋兌亥金水之氣尅火也廖金精滅火坑是如此制法

◉造溝法　陰宅之溝深濶四寸注氣放水溝內俱用碎石碎炭粗砂填滿使水滲出直放至兜金中俱用暗溝兜金外可明溝深濶八寸放去陽宅之溝深

ナリ律歴志ニ委シ
○奪神功改天命ト云ハ善モ悪モ天道マカセニスルト云ニハアラス人モ教ト戒トニテ悪人モ善人トナリ貧者モ福者トナルナリ其術ヲ誉テ神功ヲ奪ト云神功ト云ハ天道ノ御細工ノ事ナリ人モ教ヲ受テ心ヲ改ムル時ハ忽チ悪人モ善人トナルハ識ノ神功ト云天道ノ御細工ヲ人ノカラニテ奪ヒトリタルヤウナモノナ

濶八寸若大口水多則深濶可用一尺二寸王氏曰金斗壙也沙城壙中之溝以砂積塡之暗引兩腋之水聚于玉井然後順之六替決之玉井者砂城導出之後毎一折作一井畜之然後擇方而決之也王氏曰天地間無自然相合之來山相符之去水故決水者乃救助之法經云溝決之水出于人爲禍福所係審擇是非

◉狀元　狀元筆天外出前後尖峰元

リ然レハ天命ト云テ天道ノ仰セ付ケラレヲモ改ルヤウナモノト云フヨリ此術ヲホメテ如此云シナリ逆ヒ奪ヒ取ルニハ非ズタトヘバ後生ヲ念ヒテ極楽ニ往ト云モ後生願フ教ニテ極楽ヘ往生スルト云カ天命ヲ改ルト云モノナリ是術モ風水方位ヲ選ガ後生念フニテ其功徳ニテ無事安楽ノ大福者トナル也

可必禽鬼獣曜現城門ニ火星尖聳状元的兩火若挿與天齊兄弟聯芳居第一ニ出陣貪狼與蘆花歸朝武曲朝帝闕ニ火星千里侵雲邊状元定是神童捷三山ノ筆架並雲端出身定是官華繖

◉ 文官

貪狼照出文官金星開口土星端水流九曲六秀照文星開大誥軸 兼山

全猜案山言左牙刀有司官乾坤艮巽峰尖端案山ノ傘星貴人拱樓臺鼓角印箱全

◉ 武官

廉貞照出武官ヲ

○其方ノ氣ヲ剋スルト云ハ譬ヘハ坤ノ土藏有テ外ヘ移シ易ヘルヿ不能ニハ其侭坤ニ置テ坤ノ氣ヲ制スル法用ユルヿナリ其法ハ震ノ木ノ氣ヲ以テ克スルヽソレ故坤ノ藏ナレハ震ノ方位ニ當リ路カ入口ヲ開カ又窓ヲ開ク力土ヲ震ヨリ取テ用ルカシテ禁フヘ餘ハ此方ニテ推テ可レ知

○火災ヲ制スルニ寅午戌年坤離艮ハ

◎出レ貴キヲ　巽峰高ハ多シ貴客一尖貲貴キ無レ敵

◎女貴シ　辛方水朝シテ女人巧巽方ノ砂秀

◎嫁ニ皇家一ニ因レ女ニ貴　月形端正墳前後離巽秀

其ノ家因レテ女貴シ

◎貴而不レ富　貴人正キハ龍虎全シ艮巽乾

方鈌陷偏艮ハ祿巽貴　左右前後倉庫少縦

然得レ貴ヲ也無レ錢　乾ヲ為レ馬

◎出レ富ヲ　逆水ノ砂ハ富ミ可レ誇東倉西庫富

豪ノ家

陰樞ナリ此中二ツナリ𪜈三ツナリ𪜈並フ時ハ大火トナルナリ
○陰宅水ヲ放ツ溝巾四寸カ或ハ八寸ニスベシ陰宅ト云ハ坤離兌巽ナリ
○陽宅ノ水溝ハ巾八寸カ或ハ一尺二寸ニ作ルベシ深サモ同シ陽宅ト云乾震坎艮ナリ
○砕石砕炭粗砂ヲ用ユルト云ハ今云タヽキ土ノ事ナリ
○溝ニ蓋ヲスレハ中暗クナル故暗溝

◉不躬　乾艮低巽山缺禄陥馬空文
不捷
（上恵ナク骨ヲリ損ナリ）

◉出醫　葫蘆砂是醫家薬弭砂見術
堪誇主山若還多秀麗橘井傳芳定不
差

◉商　文曲路出商客財帛禄弱為商
的龍有車舟隨後行水陸商真富極

◉僧道　丑未兼辰戌孤峰如項笠鉢
盂錫杖見真形魚在東方僧道出手爐
金星脚下生浪脚為僧極好遊

ト云兜金ハ其溝ノ上ニ石或ハ瓦又ハ板ニテ蓋ヲ作リタル名ナリ兜ハカフト、云字ニテ上ニ蓋トナル事ヲ云ナリ金トハ堅固ニ作ルヲ云ナリ

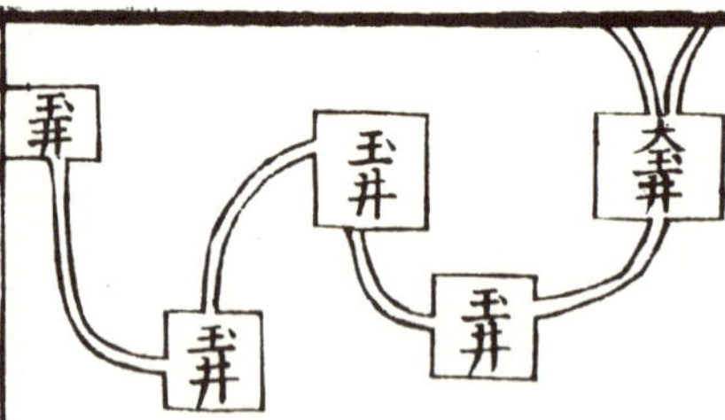

◉旺丁　金星照。對面有金星拱照也旺人丁

◉有壽　乾峰高出壽者丁山丁水妙

或丁方有高峰拱頭丁水來朝　若還丙丁水來朝主多白髮老

◉少丁　箐箕体少人丁孤陰脈頂梗不化是也蝦鬚合不明前無合水兩撒漫也穴無高低返土路屋大井小兒不生兩邊高壓如何斷子孫半個不留身無餘氣子孫稀兩水合簷無丁餘水破天心男女少神前佛後亦如之

○玉井ト云ハ其水ノ曲リ〳〵ニ溜ヲ作ルナリ凡ソ六ツ程作ル故水ノ數ニ合ノ六替ト云ナリ大家ナレハ六ツニ限ルベカラズイクツモ作ルヘシ其水ノ末ヲ殺方ヘ去ラシムルナリ

○水出二千人一為ト云ハ風水ノ法ニテ山ハ作リカヱルヿ不能水ハ人ノ器ニテ如何様トモナルモ

◉婦不生
巽高無子生離兌孤峰孕
不成
坤上栽花並池沼纖有妻妾子螟蛉

◉損少
小池盌損少丁水若淋頭兒
不齡
哭字頭 明堂有兩池 多夭折前塘後塘人
丁滅
前屋高後屋低其家必損少年兒
堂後粉牆不可居
堂後有一條粉牆也

◉婦女官家
龍虎上開小門婦女持
家有聲聞
坤上峰高女掌事流通四墓
陰主人

ノナリ夏ノ禹王天下ノ川流ヲ付カヱ玉ヒ洪水ノ難ヲ救ヒ玉フソレ故龍蛇人ヲ害セズ人民所ヲ得テ耕作ヲナスナリ爰ニ云ヘル如ク水ハ自然ニテハイカス人ノ爲ニテ用ヒヤウヲ易ルラ吉トスルナリ

◉孤寡

龍虎壓左右　欺主　無護胎也　露風地

無餘氣孤寡來穴裏幽深如坐井　四圍高壓

玄武吐舌不可栽椒飛射屋孤且寡獨

樹孤屋一同災南掘池塘爲洩氣財離

孤寡苦哀哉

◉孝順

玉帶水出順兒山山拱顧主

山奇龍降虎伏無相競兩岸開睜不攔

飛左右比和鬼回挽白虎如錦戲綵衣

◉不和

兄弟不和平廉破兩相爭　破廉

相射

龍虎鬪頭家不睦白虎拖鎗事可驚

文學ノ人ヲ出ス

此レ筆形ノ峯高ク見ハルヽヲ云學者賢人ヲ出ス山ナリ

三山並ヒ立ツ丁筆架ノ如キハ官人ヲ

青龍首投河舁持刀殺哥門路白虎進

屋宅亂難和柱彎若何

◉不孝　背水城水路反弓不可求左右齊

直性不柔無情破軍山背去金山帶石反去龍虎

交牙父子讐正屋小從高堂低夾樓饒

餘柱勝棟柱門前獨樹招園塹口向門

中媳婦原來罵阿公獨山墳宅俱為惡

脚下墳堆忤逆凶龍虎開口如何斷代

代兒孫打祖宗

◉誣賴　虎啣屍白虎開口打殺人申上風

山水風水松鍵

出スナリ筆架ノ三山ノアル地形局ヨク勢アリテ美ナレバ賢人出ルナリ三峯ナラブトモ形悪ク削テ見ニクキハ刑罪人ヲ出ス也

九曲ノ水学者冨者ヲ出ス

○晩生ト云ハ物ノ成就スルコヲソキ

路及深坑後面破軍如石壓對面倒屍
誣賴瑱

◉女專權
巽高女有權坤高不可言
兌離二方或高山或高屋皆高聳通庫奪夫權白虎
山頭圓峰起老公常受老婆拳堂廳倶
大門樓小陰人權大亦如前

◉反目
乾峰高巽方低艮震山雄離
兌纖又見門枋若斜倚定主夫婦不相
宜

◉寡婦淫慾
白虎路多返形文曲墻

事之出世発達ノヲソキヿ之外山ハ高クメ主山低ケレハ出世遅シ東ノ山高ケレハ朝日ヲソクアタル故出世遅キナリ

逆水ノ砂ハ太富也水家ヘ向ヒ流ル丶

髙迫近身前張後幽夫夭折婦人無恥亂人倫

◎淫亂爭風

兩岸山陽風征（兩邊或ハ山或屋或ハ樹）相對高起中間空常見歪斜搖擺形縱是良處有風進來是也家賢女子林中常伴兩男人

◎醜婦

太陰金石嵯峨到頭鼈右石如鼈形醜婦多金居坤地如斜側十個妻兒九似魔

◎愚頑

山粗厲出愚頑龍無起伏勢水星坤艮久聰明

也向フヲ吉トス衝
凶ナリ
○横財ヲ招ハ艮ニ
居テ逆水ヲ受ル之
大吉ナリ
○産賢人スル地ハ
山ニ木モ岩モ多ク
有リテ尖リタル峯
連クナリ此下ニハ
必ス賢人アリ

◉ 戀酒 莫捕柳出顛酒貪酒卯水流
過酉下星水脚倶水形終日貪盃没分
曉臥房内養犠牲兒孫好酒不安寧更
有猪欄向門外門前斜堪醉昏昏
◉ 雜居 青龍有白虎空二姓同居下
屋中龍虎直長多香火孤房雜姓同門
前有井亦異姓正屋面前有水閣門前
雜木自同誰
◉ 瘟疫 四殺衝子午卯酉 四方衝也 瘟疫多廟宇
門前奈若何小屋若在太樹下木杓形

出醫

○葫蘆ト云ハ醫者ノ薬ヲ入ル、瓢箪ナリ故ニ此砂アレハ明醫此地ヨリ出ルナリ

○橘井ト云コハ列仙傳仙人蘇耽ト云人ノ故事也蘇耽仙人トナリ我家ヲ去ルトキ母親ニ告テ云ニハ私シ去テ後二年メニハ都ニ大ニ疫病流行ナリ救フ為ニトテ井ヲ鑿傍ニ橘ノ樹ヲ種テ云フ疫ヲ病ム人ニ此橘ノ葉一枚ヲ食シ水一盃ヲ呑シ玉

遭瘟疫磨天井水黒沉沉寒林照宅疫病艮水艮為鬼戸衝門瘟病生

◉瘋病寅甲風出痲瘋乾上安坑禍必凶廁安巽上來龍處巽屬木木能生風來龍處絶其生氣屋後若有井缸同左右畔有糞缸穢水忌東方風隔兩邊高起相對中間窄處有風殺臨惡瘋死十八水二患風瘡

◉癩頭披連殺一片平地斷水難當甲上池坑癩首瘡唯有丁方原不好若有坑廁癩頭郎

ハ疫自ラ愈ルト云ヘリ

不如法　凶

ノラ者デキル

金星ノ山ニ波ノ如キ足ヲ生スレハ其下ニ必ス不如法ノ僧ヲ出ス

◉癆　穴無氣白虎ノ方赤紅ノ砂見出人
癆大樹露根蚯蚓路瘵多招空心樹在
面前廉貞星見主癆煎明堂有蕩兼破
陷怪樹惡石竝癆纏

◉心痛　羅計星面前塞大石當門心
痛極天井欄杆艮風吹空心大樹亦此

◉疾　哮病　前逼後窄氣疾吼明堂有蕩
不可言屋如一字出哮吼廉貞星見明
堂天井長狹氣疾當小屋在前樓在後

此地取ヲ家ノ頭ニ
釜尻ト云フ

明堂三角主哮亡

◉吐血　前山黄赤弁破碎一見崩紅

咯血危

◉黄腫　蜒蝤山黄腫痰砂如腫脚墳

前立平地一片醫不得又生懶惰人

◉痔漏　有子癸水破局痔漏之病極

難當山突出亦同

◉顛狂　子上井顛狂出前山却似人

舞翼左右水溝開水井三樓並列顛狂

的兩金星夾一火此地出顛人受苦水

○箸箕ハチリトリ也其形ノ地取ハ凶ナリ後ノ挟キ地取ハ人丁スクナシ

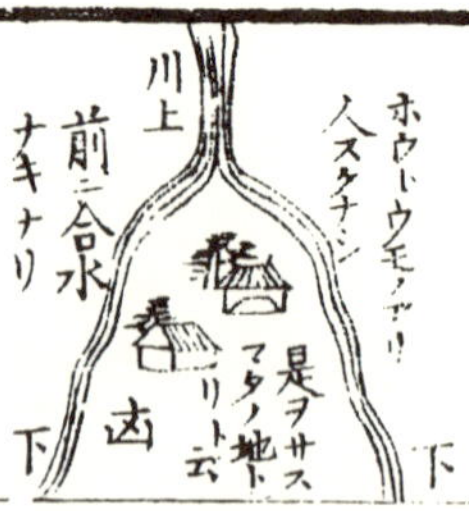

○惣地面巽高ク乾ノ方卑キハ女子不孕テリ家作ハ別之

星湧動脚兒斜小屋大樹多狂舞十字
路交加水出入顛舞何曽止喧天大石
在門前狂舞之人不知耻

◉悪瘡　梁上燕窠生悪瘡糞窟當門
癰癤疾來龍坑窟毒狼猫若将亂石安
井口門柱破爛總多瘡

◉多憂　正穴前多逼窄烟熄對面歎
氣殺更兼朝案近壓高縦使富貴多憂

◉厄産難　臥房天井内堆石極有妨房

○窟セノ穴ハ或ハ穴蔵ノ類ヲ云ナリ小児下人等ニ祟ルナリ
○哭ノ字ハ上ニ口二ツ並ヒアリ故ニ池二ツ明堂ニハ此字ノ形ニ似タリ故ニ哭コト多シト可知
○家ノ後ヲ白壁ニ塗ハ散財多クシテ永住ナリカタシ東面ヲ白壁ニスレハ不孝ノ児アリ
○左右ヨリ壓ハ主人人ニ欺カル丶ナリ

中漲塞倶難産

◉産死　白中赤（西方紅色）産難逢四生水

朝直不吉（寅申巳亥水朝是也）前池墩石産中亡

◉殺宅長　鬪氣脉（急脉急蓋）宅長凶青龍

走壓乾峰傷（也）鈌陥有西無東真不吉棟

柱若還不着地那見宅長治家邦

◉卒死　前面深坑不可當兩邊涯岸

倶深罾穴無餘氣忽死傷

◉官符（即朱雀）後面破軍如石壁金星

强急也須防破漏之屋皆如此門樓平

○護リナキ家ハ寡婦ト貧トヲ主ル凶ナリ

潤亦官傷

◉被火　午丙水要火燒屋頭前後兩行朝（壁脊尖射作火　星在午方凶）午方獨有高峰照門外三樹盡皆焦火旺水廢如何斷家招甲祿不相饒如船形滿載多（地小而屋造　滿者主火災）

◉被賊　廉貞照被賊凶更看探頭倒面逢腦腋開門盜賊至子午卯酉廉貞峰門前有路如川字年年常有賊人逢

◉損蠶　臥蠶山頭反側宅中聚水蠶不實龍虎身上破缺逢養蠶十櫝終無

井ノ内ニ居ル如キハ同断凶ナリ

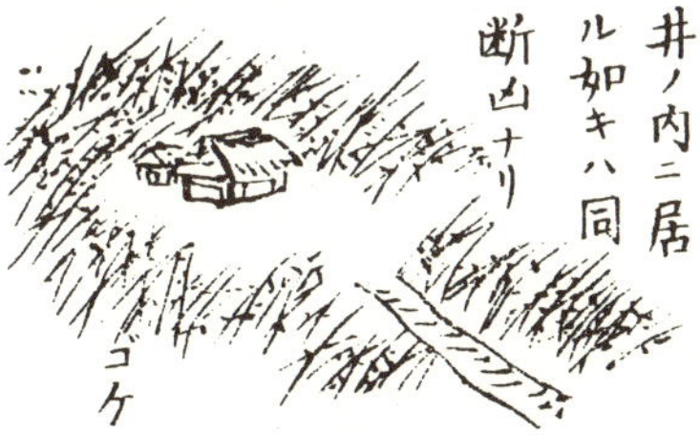

孤屋獨樹モ右同断

得

◎魄怪　東北門（艮為鬼戸）鬼怪入三陽（日月郢）不

照名陰極（陰盛出怪）破屋停喪双此災穴有

響竅鬼祟集臥房幽暗脇腋開樹腫頭

腰鬼怪泣芭蕉年久多成精戰場作穴

藏妖孽

◎怪夢　床被壓（梁壓尤甚）怪夢多魘頭不

塞夢多魘脇腋開門夢寤惡衝床射背

夢中魘

◎生怪異　朱雀山似蝦蟇生出鬼子

没奈何自然怪石生在内看看生下一
堆蛇
◎駝腰
路反背出駝腰白中見赤西見紅
屈身搖曲木駝腰并曲背宂情斜返
亦同招前平屋後高樓離郷枯樹向外
頭明堂却是祿存様家中常見出駝腰
◎跛足
門扇柱下補接路如角尺向
外別乾水來去跛足覆砂脚斜足有瘓
沙見冬瓜擣杵形樹頭腫脚人足蹶黄
湶人路斜返來人家脚瘓無容説

龍虎ノ山氏ニヒクシ

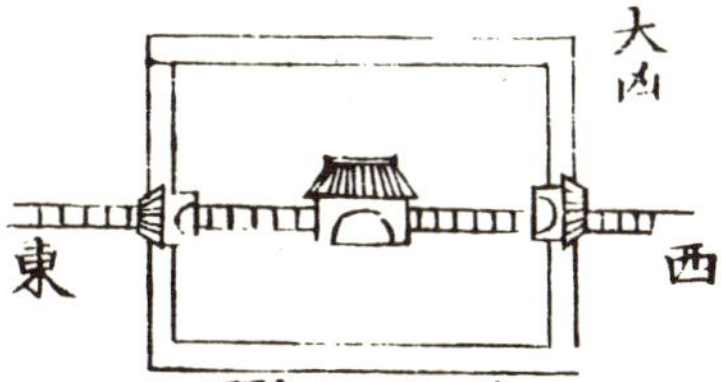

龍虎相鬪

此地取構ニテハ始終争フタエス

◉瞎星印馬砂如星如印瞽目殃墩頭
破碎眼兒傷明堂若還三个個角尖砂苒
在南方是也
後眼須防辰上路患眼災明堂堆凸眼
不開水流火口亦如此龍虎不護瞽目
來火焗出壁俱目害廉在明堂眼禍胎
糞窟缺在明堂面前佛塔眼無光天井
大石坐四角開井子午卯酉方惡破紅
面對屋脊坑鎗傷

◉啞子已上衝啞口傷天井大石對
中央墓宅灰袋香爐案明堂浮石亦不

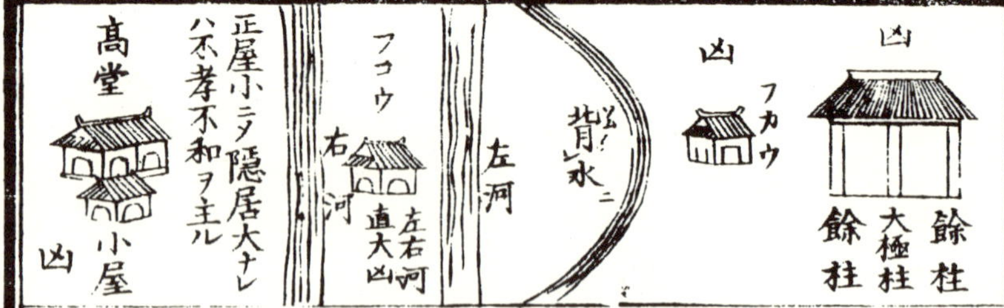

正屋小ニシテ隠居大ナレハ不孝不和ヲ主ル

祥戌乾水暗啞人悪石定生啞子身酉
山瀬綫辰水入有口無言悩殺人

◎聾明堂内有禄存土星惟見石稜
層悪石當門聾啞應葫蘆砂見出聾人
棟柱虫竄空出人聽不聽門前或有暗
亭子耳門塞了亦耳聾

◎瘿瘤水中石似葫蘆瘿瘤信不謚
戌水折内誰能識當門撞柱有瘿瘤

◎六指生六指有何因子山高聳六
指人子方水聚亦如此出水顯露手足

大凶

ノ弖者

破軍ノ山後ロニアリ

大凶　アラソヒ

門斜ハ夫婦不和ナリ家ノ斜モ同断ナリ

生

◉断墳　墳肚上ニ有小窟出人氣瘈人
罕識磚石紅ヒ又光輝其家正在方興
列若有枯毛蛇蟻生若有青苔有水入
有水定主黄腫

◉九星吉凶断

㊀貪狼屬木

木山吉星

吉星最好是貪狼下着
令人福禄昌音不問
皆吉利　重々進入外
田庄

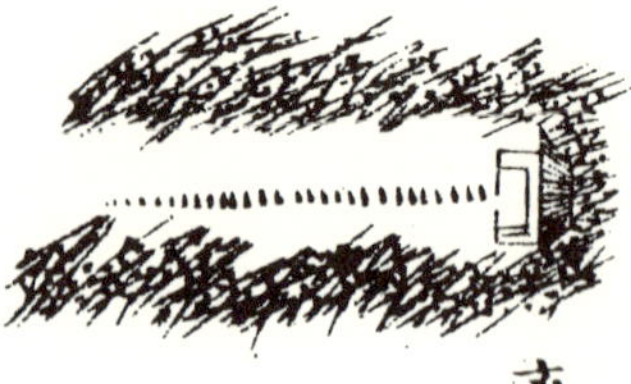

凶

両方ヨリ山或ハ木或ハ家相對ノ中ニ細道アルハ家内暗キ象遙乱ナリ

凶

◉方位断

貪狼應亥卯未生人並年月臨乾甲坤乙壬癸山名曰財羅水(財羅之水富家財流入陽宮是福媒定産兒孫聰且俊名標金榜古文魁)臨艮巽名曰錦羅水(錦羅之水喜流長陰位宜居艮巽方子孫聰明文帶秀他年衣錦喜還郷)臨丙庚名六秀花羅水(貪狼去水號花羅庚丙方流喜氣多財帛金銀從是進兒孫聰俊更家和)

○柳ノ挿木ヲスルコトナカレ酒ノ乱ヲ生ス又労咳ノ病アリスヘテ柳ヲ植ル家ハ酒ヲ好ム陶淵明ハ賢人ナレ𪜈一生酒ヲ好メリ此人五柳ヲ門前ニ植テ五柳先生ト云ヘリ又獣禽槽門口ニ向フ𪜈ハ酒乱アリ

○間口廣ク奥行短キ家ニハ佛事多シ又門前ニ井戸アリ又雑木又水閣アルハ皆他人雑リスムナリ

臨ニ丁辛ニ名ニ寶羅ノ水ト（水折ニ貪狼ヲ號ニ寶羅ト丁辛位上喜相過錢財豊足何須説俊秀兒孫第ニ甲科ニ）

㊁巨門屬レ土

土山吉星

巨門吉星亦難レ求シ
長位田財進不レ休
更得ニ水流三百歩ヲ
為テ官清顯御街ニ遊ヲ

◉方位斷

巨門應ニ申子辰生人並ニ年月

臨ニ乾甲坤乙壬癸ニ名ヲ曰ニ横財ノ水ト（横財之水ハ巨門當ル

温疫

○子午酉卯ノ口ト大樹ノ下ニ小屋ヤルト丑寅ノ門戸ト外井戸木蔭ニナリ暗キト墓ト家ト對スルト皆疫病アリ

大樹ノ下小屋凶病タエズ

折水元來位向陽定有横財家必富自然進入最為良）

臨艮巽名曰緑衣水（緑衣之水ハ更ニ為奇艮巽宮中好折歸家道昌隆生貴子荷衣掛緑歩丹墀）

臨丙庚名天宮水（巨門之水ハ號天宮陰位宜庚喜丙中蔭益兒孫多富貴文章星斗燦心胸）

臨丁辛名雙秀水（雙秀宮中丁與辛巨門臨照福來臻究前折水憑山脈他日

瘋癩病

○艮ノ風ノ通ヒト乾ノ穴ト巽ノ廁ト又家ノ後ニ廁ト井ト向合カ廁ト織水

兒孫盡ツ富人)

㊂禄存屬ㇾ土

土山凶星

出ㇾ祖離ㇾ郷是禄存
貧窮横禍損ニ家門ヲ
更兼ニ公事相連累
疾病奸淫不ㇾ可ㇾ論

◉方位斷　禄存凶星

(在ニ震方ニ公事産死病難多シ)(在ニ艮方ニ軍役熱病公事アリ)(在ニ坎方ニ損ㇾ與ニ少年ト妻)(在ニ乾方ニ火死

癩頭　癆

ト合フカ共ニ癩病ノ人ヲ出スナリ
○申ノ上ニ池ト坑トアルト下ニ雪隠アルトハ瘡アマタアリ

公事欠落ス）（在坤方ニ病難家次第衰ル）（在兌方ニ眼病丁少シ）（在巽方ニ婦人夭死頓死眼病アリ）（在離方ニ病難眼病不具者アリ）

㊃文曲属水

水山凶星

退田文曲起災殃
暗曜加臨不可当
淫慾風聲公事起
生離媳婦損財粮

文曲
星凶

◉方位断

（在兌方ニ有リ公事禍病難）（在巽方ニ横死乱酒淫乱）（在坤方ニ

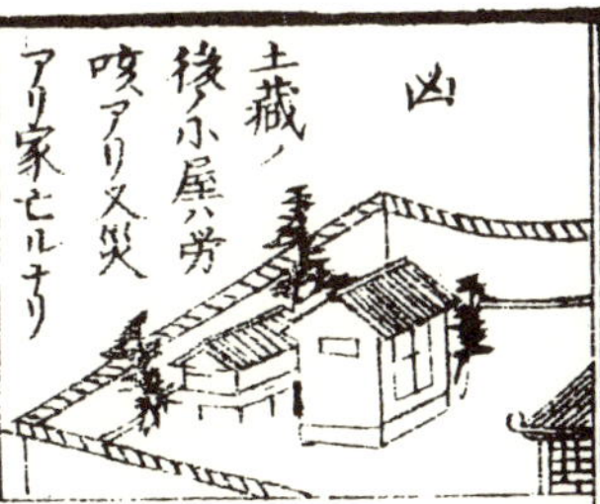

縁遠有淫亂女）（在離方親子不和別居ス）（在坎方出放蕩人有狂亂人走他國）（在震方病難アリ牛馬ヲ損ス）（在艮方淫亂亡命横死ヲ主ル）（在乾方婦人淫亂家内亂ル）

⑤ 廉貞屬火

火山凶星

從來瘟火是廉貞
口舌官符不暫停
犯著自然田宅退
時師須要細搜事

門前ニ大石アレハ心痛アリ空心樹モ同ジ

◉方位斷　廉貞星凶（在坎方招官事婦人有横死）（在艮方瘟疫人苦勞多婦人離縁）（在震方火難禍多有横死）（在巽方婦人淫亂）（在離方為寡婦）（在坤方難産公事子孫有狂人）（在兌方子孫放蕩有公事有遠方死）（在乾方牛馬損有病難放蕩者

⑥武曲屬金

毎逢武曲吉宜收
財帛田園事々優

哮病

屋ノ一字ノ如シ凶

小屋前ニ在リテ二階造後ニアルハ凶

明堂三角哮災アリ

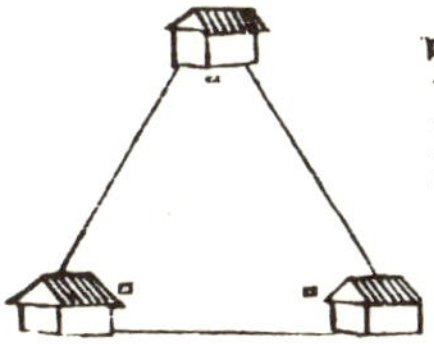

金山吉星

認取來龍眞正脈
兒孫富貴永無憂

◎方位斷　武曲　應巳酉丑生人並年月
臨乾甲坤乙壬癸名曰天財水（陽宮武曲最爲奇水號天財福祿宜塋後定生聰慧子高車駟馬耀旌旗）
臨艮巽名天爵水（武曲流歸艮巽宮水名天爵喜相逢兒孫聰俊登科甲政事文章冠世雄）

黄腫

京都ノ如キ平陽ノ地ニテ蜒蟵ノ砂アレハ病治シガタシ

痔漏

北ヨリ家ノ背ヘ水衝ハ痔漏アリ

臨丙庚名栄禄水（水名栄禄是如何庚丙之中武曲居去水若然従此出登庸進禄定崔巍）

臨丁辛名財遶水（水名財遶是何因武曲臨丁帰与辛好向穴中随歩放家盈財帛足珠珍）

⑦破軍属金

金山凶星

破軍原是一凶神
決配流徒横事生
田地年々憂退敗
更兼孕婦命難存

山ノ足家ノ背ハ衝出スモ同上

凶

痔病

子ノ上ノ井戸ハ狂ヲ出ス前ノ山或ハ家ニテモ人ノ舞象ニ似タリ

凶

乱心 舞象

◉方位斷　破軍星凶　（在ニ艮方ニ主ル難産（ナンサン）公事（クジ））（在ニ震方ニ公事横死（ヨコシ）死ス他國ニ）（在ニ乾方ニ公事火災難産病難多シ）（在ニ坎方ニ公事横死家業衰（オトロフ））（在ニ離方ニ主ル小兒死夭折ヲ）（在ニ巽方ニ飄病而夭折ス）（在ニ兌方ニ婦人起レ事家衰フ）（在ニ坤方ニ横死欠落（カケオチ）又寡（ヤモメ））

⑧輔弼屬レ土

三樓並　狂氣　凶

兩金夾　灾　凶

狂氣

門前大石　凶　狂氣

土山吉星

輔弼為福亦為災
為福為災未易猜
左右向來稱吉助
凶災玄武暗沖來

◉
方位斷　左輔應寅午戌生人年月　臨乾甲坤
乙壬癸名本宮水（本宮放水水流陽左
輔星來照此方家旺田蠶金寶積更生
貴子足軒昂）
臨艮巽名天池水（水流艮巽號天池左

悪瘡

○家内ニ燕ノ巣ヲカケサスト門口ニ雪隠對スルト門前ニ穴アルト門戸柱破レタルハ皆悪瘡アリ門前ノ穴ノ名ヲ毒狼猫ト云狼トハ云コナリ門前穴アレハ人墮イルナリ狼ニカマレタルガ如シ井戸ノ傍ニイロ〳〵ノ石ヲ積ヲクモ同シ

腫物

雪隠門口ニ對スルハ凶ナリ

輔星臨最是奇興旺人丁足財民姓名他日達天墀）

臨丙庚名銀河水（左輔流歸丙與庚銀河一水并天行他年定産英雄輩金榜須教早掛名）

臨丁辛名月窟水（左輔流來丁與辛水名月窟是天津開溝放水真為吉貫朽千倉粟自陳）

◉九星分房斷

貪與長房巨與中　武曲三房財福豊

多シ憂ウレヒ

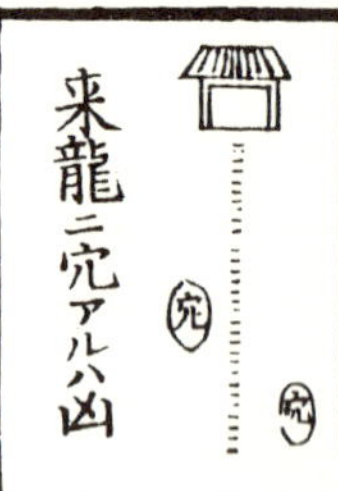

文ハ敗ニ大成ヲ禄敗小ヲ　破廉長子受ク貪窮ヲ

地理山水風水秘録巻中終

○中庭ニ石多キト房中ニ道具ノ多キハ産難アリ
○家ノ前ニ池アルト又惡石アレハ産ニテ死スルナリ

有西無東

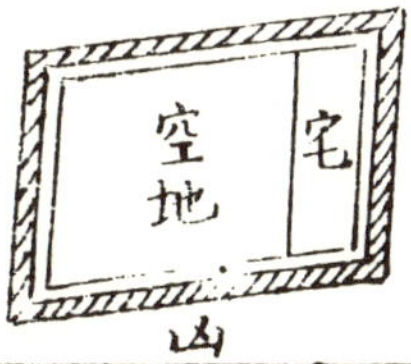

地理山水 風水秘録巻下

●乾山斷 怕壬申年損人口家不吉發 長二房七十年後三房出賊 巳與

丙方路橋莫沖長二守寡住宅貧窮溪

慾白吊殲脹麻風血産而死官事相妨

午向兼丙小子豊隆長房家退究不安

榮丁水來沖節死家公永為軍匠竈戸

一固田蠶退失小口死空更兼傷目小

人行山坤申戌水家源富美出人賢良

田園滿郷家興財足蘭玉鴛堂中貴近

帝聰明才郎酉辛亥水路死常々作賊

乾 宂 凶

乾ノ位ニ宂アルト
乾ノ峯缺リト青龍
ノ壓ト同シ棟ノ柱
地ニ着サルモ同シ

宂

前ニ深キ宂アルト
兩方ニ高キ岸アル
ト八卒死ヲ主ル

キシ 凶 キシ

潑敗人命損傷産業廢盡家不吉昌熄
婦孕死卒暴亡斷然守寡有大血光壬
子癸方住之無殃人丁旺相六畜孳生
莫令水斷衰敗非常丑艮池塘主自先
亡守寡最苦牧養災殃東方住宅長房
敗絶聰明者死愚頑留當
◉坎山斷 怕申子辰年損人口益長三四 損二丁房小房東南方長有病 坎山
巽橋殺人如刀臟脹眼疾孤寡常招西
南坤水須灣曲應出聰明文士高若是
水直愚頑家先酉丁未水二房絶矣小

子留家一貧如洗向若下丁二三房興遇辰遇巳震庚亥未四位並凶午向長房旺財加丁衆子興隆時人下丙長子死亡長孫亦死家不吉昌搖中得子眼疾虚黄巽水冲屋産婦先亡逢長守寡疾病連當申子辰年定主死傷辰卯水射作賊他郷麻風癆病弔死夭亡為人無子一代恓惶寅甲水抱小子旺財子孫卻少漸出愚呆丑艮水冲小子貧窮因遭瘟疾⿸疒亟蹺瞎聾壬子癸低一代而

破軍廉貞
午ノ方ノ高キ峯
凶
火事

門外ノ三樹
凶
火事

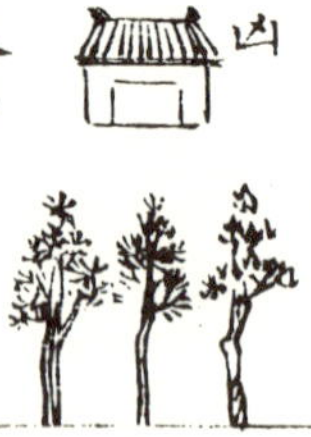

地狹クシテ家多キハ船ニ
荷物ヲ多クツミタル
カタチナリ皆火災アリ
凶

衰主長先死老母難為亥水徒刑哭泣
無情財源漸退二房先零戌乾流水長
房皆豊因妻得祿只是遥中庚酉辛方
住宅難當作賊出外落水而亡申路冲
屋家私不足人死他郷田地消亡

◉艮山斷　艮山之中
怕六丙之年損人官
事發三房損長二

東北地豊人丁旺相家業興隆西南開
口橋屋路中屋宅他人管業陰人亦患
痲風不出風流好漢但出執一不通西
南無橋無路亦怕一水直冲家業常年

發達上元使盡家空又兼遠年瘟疾更
當一火燒家名聞不孝寃債困水充軍
自逢東南路冲家業興隆乾坎水射作
賊大凶東方路射長子少孫丑爲錯殺
宅母難成只恐水濫退敗多困尋常多
事官災家貧西南坤水作賊爲生主人
逃走打死伶丁艮卦從前斷決巽方水
喜來冲家業長房發福倉穀二家豊隆
若下丙向宅内多妨長男長婦老母招
殃若下午向東北池塘淫女淫妻逐配

損蠶　鬼怪

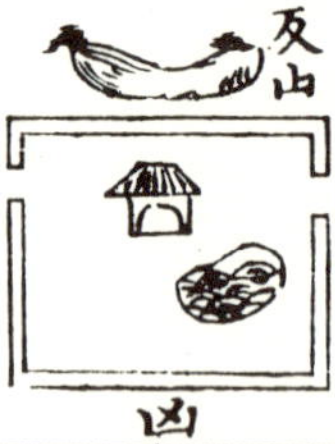

鬼門ノ門戸ハ日月星照サスノ陰サカニナル故不吉多シ家次第ニヲトロヘ血ヲ見ルヿアリ

家破レ穴アレハ色々ノ不吉アリ

凶

他郷

◉震山斷　怕六庚亥卯未年月損人官事先發長後二三房

震山上元必發田園向下子午家道不堅長男先死孤寡刑連兒孫敗絶六畜損失壬丙之向家財正旺長男興財小子放蕩家道略微一子肚疾又損其妻中男先喪出的兒孫放潑告狀丁癸向中家道興隆兒孫小旺可過秋冬東南地豊卯酉向中面前水大財源發洪若是水直有子財空地若寛厚須要起伏長子二

又明房暗腸間道アレハ不吉ナリ

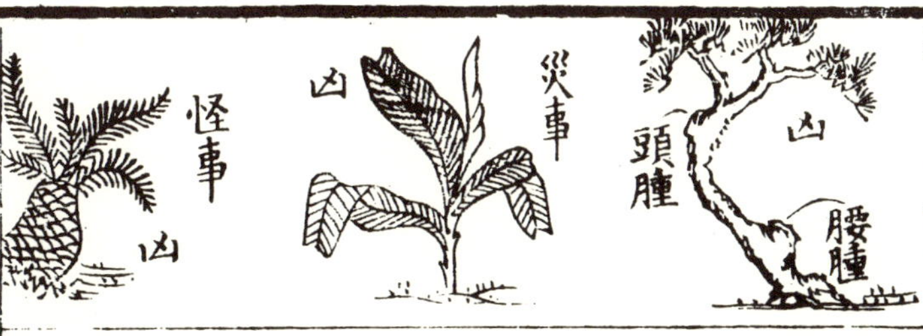

子發財發福二女聰明作配才人水流
曲屈是以有情三子拘發小子興隆五
六森々玉樹三四財源自盈長男冨足
一子成名二房丁財雖發出人定不聰
明地局蔭長守寡水直妻死夫存卯酉
接代守寡愚眼必出愚人巽已水沖路
接損妻子息豊隆家道財源大發人丁
詩禮不通生女清秀近貴須嫁三個老
公六畜自然興旺代々留一兒童水吉
地吉亦助榮貴脈走水走反助其凶乙

怪夢

芭蕉年久ケナレバ怪ヲナス鉄蕉モ則ハチ芭蕉ノ類ナリ

燕頭ハ破風ロナリ塞ガスシテ人悪夢アリ渡辺綱カ一黨ニハ破風ヲアケズト俗ニ云モ釈アルコトナリ

怪夢

辰水冲眼疾盲聾妻常有疾夫常見凶瘟疫長房必損三四瘡癤相攻陰少無夫陽老無妻定不全壽半路分離有疾無用者在聰明能事者希六畜損失田園消無異姓合住略々見豊再住幾代地白屋空

◉巽山斷　怕六辛年損人官事益長房損二房　巽山丑未主榮昌家道豊盈穀滿倉午宮水射定作賊水冲子位主恓惶路入坤宮淫事有橋居巽位出顛狂癸戌乾宮午申向定

生怪異　鮀腰

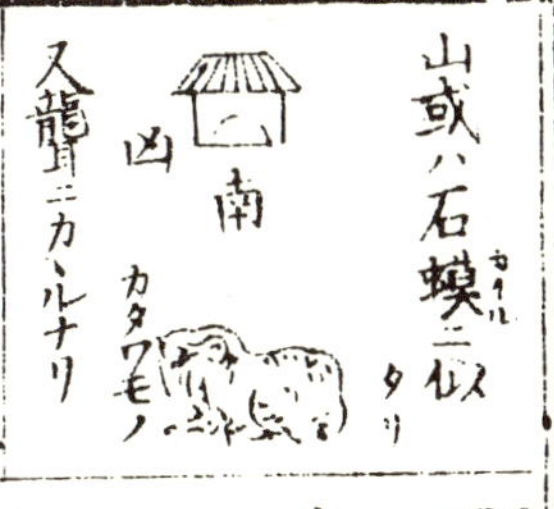

因換姓任更張坤辰路水如箭射縊死
遭刑二損傷婦女無夫無婦女兒逃走
不從狼中元宜旺下元退上元甲子漸
高強子癸寅甲辛戌水沖來軍匠賊相
妨地白田空家計盡更困多病絶空亡

◉離山斷
怕六壬寅午戌年損人
官事損長房益二房
離山午向

退貲財家業他人入進來麻風患眼年
々有產婦顛狂歲々來瘟瘽守寡因無
子折足蛇腰實是哀更發下元新甲子
上元退盡起塵埃須知坤向可安於上

跛足

前家卑シテ後ニ高キ二階ナ作ルナリ

枯木外ヘ向フナリ

曲尺ノ如ク路外ニ出テ分カル

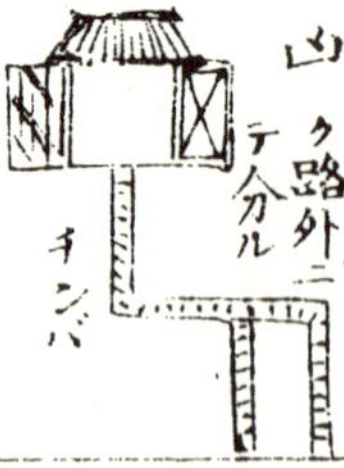

門ノ柱一方ツギ有
扉モ一方カハリ

元一定進牛由時値下元家大敗子孫
還有度饑寒顛驢求計身無任更有逃
淫大不安屋若朝北略悠久雖無田地
子孫賢時歳怕逢寅午戌損人官事浪
流連一到上元消索盡人命相干定欠
銭更有東邉遠可住又兼財穀樂年々
西方守寡人丁絶立宅安坎莫要扞上
元敗絶中元發發旺下元便出官

◉坤山斷

怕逢乙癸年損人官
事益二房損長房

西南地豊

家道興隆東北水遶切莫艮冲堰塘若

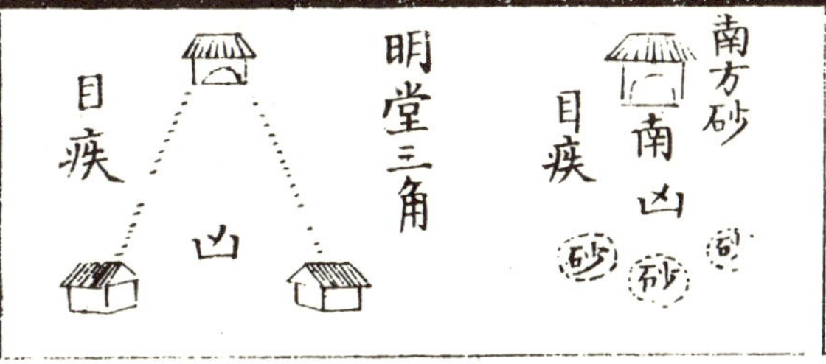

高名為開口長房敗絶門風不守須招義孫更兼愚魯粗醜二房痴呆家道頗可三房平過四房守寡五六財源增置田土巽辛庚甲為四維水去之時為官吏只恐水直脈不長雖有田園無官做坤山怕逢寅午戌損人官事多不吉逢乙之年家不安損却人丁退却田東南有路名為藥針常招眼疾永不除根痲風搖慾故損子孫異姓收養合活家門丁來水冲田園退官人丁走竄難守孤

凶

目病

壁ノ間ヨリ烟モルヽナリ

大石天井ノ四方ニ在レハ目ヲ患フ四中ノ水アルモ同断ナリ

目疾

凶

人家ノ後ヲ前ニシテ見ル家眼ヲ患フ

究坤宮有レハ路産婦驚風淫中ニ得テ子ヲ媳婦公通庚酉ノ方ノ中水若シ來リ冲ケハ瘟癀病症ヲ孫愚蒙家業蕩盡軍匠相逢フ又兼ニ不孝ヲ子盡婚終ル一姓五姓ニ換レ姓ヲ安榮若シ然レハ任宅ノ地ノ白屋空亥丑艮ノ宮水路橋冲ケハ猛然ト失ス火ヲ喑啞跎公巳巽ニ有レハ橋喑啞麻風湯盡家業奔走西東ニ

◉兌山斷　怕ル六丁巳酉丑年損人官事

西南ニ有レハ池連損兩妻官事相及ヒ人命追隨瘟癀亦有ニ田地ニ長ク哀ム丁水廉星ナリ血産而崩滔滔有事

正中ノ大石凶也戌乾ノ水濁ルカ又木石ノ陰トナリ水中暗ク見ユルハ皆啞子ヲ生ス

棟柱ニ虫喰アレハツンホアリ門前ニ空キ屋アレハ同断

災患不平午宮路射災禍並來作賊他
鄉溪事相纏人命飛涉牛馬成災蹻跎
瞎目中子孤衰丙巽水流定作公侯須
合彎曲財源並收必出賢良之子更喜
兄弟相投並無篤疾何有憂愁巳水朝
來無田無產若住此方孤寒不足乙辰
戌乾寅甲水連賊情軍事女逐人眼更
主瘟癀孤寡飛来人命相連必主子孫
夭亡又兼不孝退由牢中致死落水相
干干刑萬禍歲々相纏虛黃臌脹傷日

癭瘤

小池ノ中ニ葫蘆ニ似タル石アルナリ

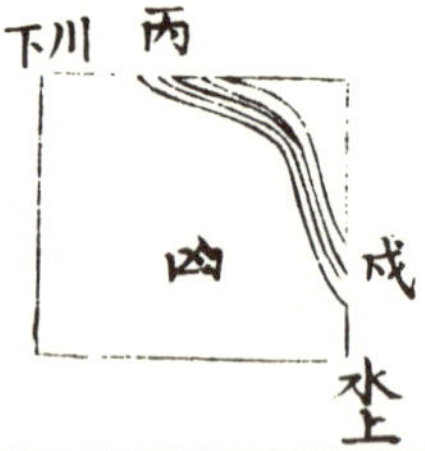

大極柱正面ニ見ユルハ凶ナリ

悲連卯艮水曲金銀滿屋大事不妨逢禍化福壬子癸水一直冲射家業消亡聲歌退歇為姻亢軍淫慾不分兒女逃走火傷人口亥水有情旺相人丁六畜添吉孤寡安榮酉申一冲子孫無踪一時瘟疾死絶家空

◉平陽串總説

平陽諸書其于平陽諸法固已無所不備矣然其一書之中不能該擧諸法而無遺者何也先賢有産于北地者有生于江南者有遨遊三

六指　断墳

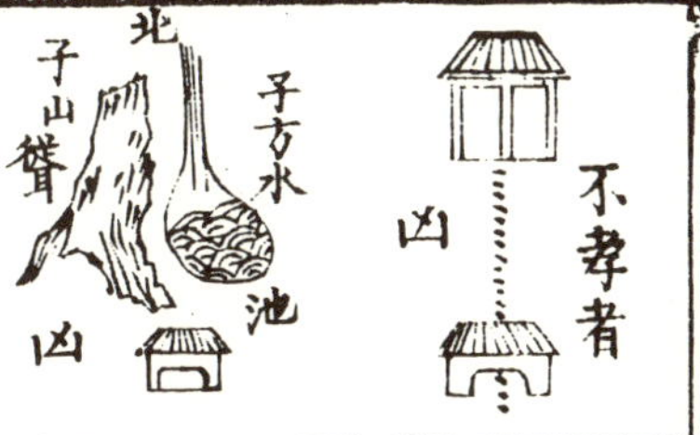

○墓ノ上ニ穴アレバ其家ニ労咳アリ
○墓ノ上ニ數石紅白ニソ光リアレバ其家繁昌スルナリ
○墓ノ上ニ枯草有或ハ水流レコメハ腫病アリ
○水ノ方角ニテ墓

楚者有往来兩浙者在北則多論中原在南則多言澤國各言其常所習見故其所著不能合天下之平陽而悉擧之也況著書之時有一時精神之所及所不及故言此遺彼言彼遺此有必然也余既輯平陽諸書之後恐世求之汗漫而莫所的從也故將山郷北地江南諸法備擧其略合為一集約而易見以為讀平陽書者高遠之自云

◉理氣辨訛

平陽作法與山異而理

所ニ吉凶アルナリ
○貪巨武ノ三吉ハ子孫繁昌ナリ
○文曲ハ蟻ヲ生ズ
○禄存ハ棺ヲ流ス
○廉貞ハ子孫流蕩スルナリ
○破軍ハ萬事ニ悪シ

氣無異作法從地山與洋之形勢不同故作法亦異也理氣從天洋之南北無異山之南北故理氣同也所微異者山只用龍平洋有用局者耳今之行平陽者學問粗淺不識青囊玉尺消水之説僅識九宮八山故言平洋理氣與山不同不過飾己之無學誑人之信從豈平洋之理氣果與山異也耶

○一凡平地上有墩阜則向墩阜上去尋若尋得有局面了審局點穴宜朝髙

○巳ト與丙方路橋
莫冲長二守寡住宅
貧窮淫慾病難公訴
○竈戸一固田蠶退
失小口死メ空シ
○壬子癸方住之無
殃人丁旺ス万事吉兆
○東方住宅長房敗
絶賢死愚留ス
○丑艮池漕夫亡守
寡災殃アリ

○居間吉凶
北ノ居間　大吉
巽ノ居間　大凶
乾ノ居間　吉
南未居間　凶
申ノ居間　凶
東ノ居間　凶

坐スレ低ニ得ルレ水ヲ為ス妙ト
○一凡一坦平地不レハ生セ墩阜ヲ便チ要ス看ルコトヲ平
地陥凹處向フテ凹弦ニ覔メ穴ヲ依テ法ニ扦塟ス若シ平
地ニ無ク濵頭掬抱又無口無墩一片如鋪
氈者乃チ死土也不必ス尋求
○一穴既覔メ得テ乃チ以テ羅經ヲ求ム其向方ヲ要ス
遵ニ青囊玉尺水法ニ来テ宜ク生旺去テ宜死絶ニ
此是平洋生死ノ關頭若シ向方一ヒ差ハ即上
上美地而死絶ス上堂倒冲ツイテ生旺モ亦主ル財
絶退ヲ不能發福ヲ謹倒ニ二ノ圖ヲ千左ニ以便

坎山断

○坎山巽橋殺人如刀病患孤寡
○西南坤水曲為吉出賢人若直出愚人
○午丁向繁栄而吉
○巽水冲屋産死
○申子辰年主死傷
○辰卯水射主賊有病無子
○寅申水抱小子旺財子孫却少
○丑艮水冲小子貧窮病難
○壬子癸低一代而衰
○戌乾流水長房皆豊因妻得禄
○庚酉辛方住宅

審水立向

逆法

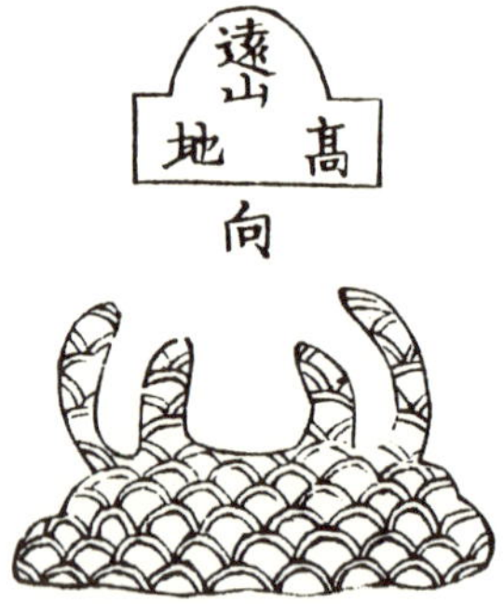

順法

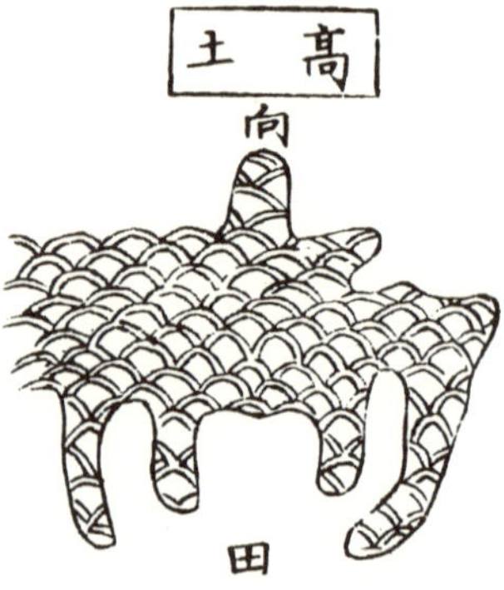

順逆二圖乃平洋之入門也蓋不知順逆則不能明平洋之理不知順逆二法則不能扦平洋之穴若止知朝水坐田順塟之法而不知坐水朝田逆塟之法是與山龍無異而當逆塟之地其失去

艮山斷

八難當作賊出外落水而亡
○申路沖屋貧窮
○居間吉凶
北居間　大吉
坤居間　大吉
南居間　大凶
東居間　凶
乾居間　吉
西居間　凶
艮居間　中吉
巽居間　中吉
○艮山之中東北ノ地豐人丁旺相家業興隆
○西南開口橋路沖屋他人管業女人病難或淫乱

多多矣故特揭此二圖于前以為未明平洋法者之梯航也

○既知順逆若不識坐低向高之式則無以點穴因列坐低朝高之圖于左

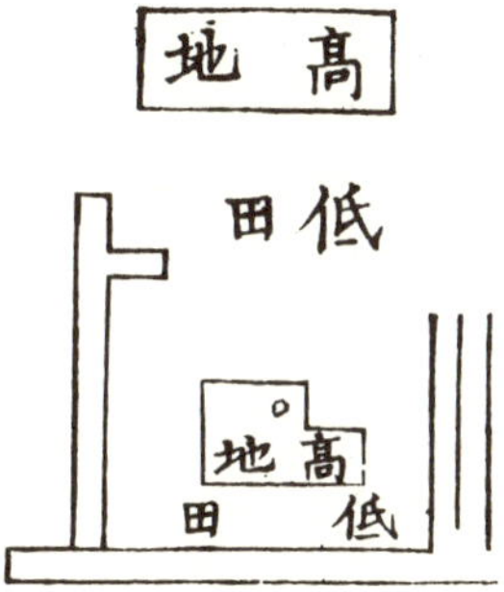

此看平洋第一竅也水龍之法甃處宜高朝處宜高而左右坐後俱宜低與山龍避水藏風者大異

一向方既定而來水去水穴中看得見者名曰出面水當以穴左右進退要撥

○坤方水直冲家業ニ浮沈アリ火災不孝ノ聞ヘアリ賊トナルヿアリ終ヨカラス
○東南路ハ家業興隆ナリ
○乾坎水射ハ作賊大凶
○東北路射子孫少多難錯殺アリテ貧ナリ
○艮宅ニハ丙向午向ヲ忌ム大凶ナリ
○居間吉凶
乾居間　吉
西居間　吉
艮居間　吉

他在天干上往來則無凶禍若地支流動恐太歳塡冲之年多事不吉
○一面前若有水峰浜或筆或笏等形及特生墩阜方圓横平秀美者倶要令其得所不可令其冲射碍眼若撥得他在吉秀之方自然發貴
○一平洋之向坐與山龍反若羅經理氣年月剋擇則與山龍無異故學平洋法者當先看山龍諸書
◉山水建破定局論　凡看山水有山

震山斷

坤居間　大凶
坎居間　凶
離居間　凶
巽居間　凶
震居間　吉

○震山上元必發田園子午ノ向ハ家不治子孫絶ル
○壬丙向ハ家富長男興財小子放蕩有官事
○丁癸向中家道興隆
○東南地豊卯酉向中面前水大財源ヲ發ス若水直ナレハ子アリテ財ナシ地豊ナリ𪜈高下ナケ

山斷有水水斷山看來勢水看來朝山雖本于發峰卦實定于結局若無頓峰則取來龍如有頓峰卦則從峰水雖本于源頭卦實定于朝角如無合水則取横逵如有合流卦則從角蓋平地以高者為山山峰為建低者為水水際為破建為主破為客主客相配起卦然後以所得之卦之星入中飛八方看其生旺關煞以斷凶吉如離方有水便作坎山坎方有水便作離山乾方水近便作巽

レバアシヽ
○東南屈曲ノ水アレバ子孫繁昌ナリ
其水ノ曲タル數ニテ三入カ五入カト
考合スヘシ地局蔭
長ノ守寡水直ニシ
妻死夫存
○巽巳水冲路接レ
ハ損妻子息豊隆
○乙辰水冲ハ眼疾
聾女有病病難多シ
○居間吉凶
北居間　凶
東居間　大吉
巽居間　吉
坤居間　吉
乾居間　吉

山巽方近便作乾山四圍有水作中宮
論
○山川建破要分明建要清兮破要寧
更値山方無克殺主山得運禍難侵
○高山高處為建低處為破平地中心
為建水際為破又以坐為建朝向為破
建為主宜來脈活動豐厚清潔破為客
宜朝秀聳拔流神環抱若八方生高山
遶子孫福利更主建得運大發富貴矣
細法詳後

兌居間　凶
離居間　凶
艮居間　凶
○巽山丑未年主榮昌
○午宮水射作賊水沖子位恐多シ
○路坤ニ入テ淫事アリ
○橋居巽位出癲狂
○坤辰路水直冲八縊死遭刑其外難多シ

○居間吉凶
坤居間　大吉
離居間　吉
巽居間　吉
震居間　吉

◉九星屬八卦五行歌　一白貪狼號水神二黒坤土起巨門三碧震木祿存是四緑文昌巽木親五黄廉貞中宮土六白武曲乾屬金七赤破軍金官兌八白艮土左輔星九紫右弼離火焰九宮八卦此中分

◉九星生克歌　生氣原來生我身殺星尅我便生嗔我若生他為退氣被吾克者是財神但為死氣非全利與我相同旺氣眞細究何方峰起何方水近以

乾居間　大凶
兌居間　凶
艮居間　凶
坎居間　凶
○離山午向難病困窮眼病産狂
○坤向ナレハ上元ハ吉也下元ハ凶也
○北ニ向ヘハ大略ハ吉ナリ
○逢寅午戌ノ年月ニ公事アリ
○居間ハ東北ノ端ニ在レバ財穀多シ
○居間西ノ端ニアレバ寡婦トナリ貧ナリ
○艮乾ノ水遠リテ

定卦局卦局既定即以本卦星入中宮順飛八方然後看其生尅以定凶吉如南方水近即為坎卦以一白星入中其生尅以一白水為主二黒土到乾為殺氣方三碧木到兌為退氣方蓋二黒尅一白故曰殺氣一白生三碧故曰退氣也餘倣此）

◉生氣訣

生元氣聚出名臣孝友忠良佐聖君蟄蟄子孫行孝義自然富貴萬年春（凡生氣方有山崗水路高秀遠

榮昌ナリ巽モ同シ
○居間吉凶
離居間　大吉
艮居間　大吉
坎居間　大吉
乾居間　凶
○西南地豊家道興
隆東北水遠切莫艮
冲堰塘若高長房敗
絶門風不守子孫禍
アリ義子續也
○巽辛庚申ニ水ヲ
去レバ官吏トナル
只水直ク脉不長官
吏トナラズ
○寅午戌ノ年月ハ
公事アリ
○乙ノ年ハ散財多

來更得魁星相佐關煞低伏主大發財祿世代為官郎山崗水路短小亦主小富貴如無不吉

◉旺氣訣　山家旺氣鬱葱葱秀麗應知吉所鍾惡曜粗頑并反背關星冲破也為凶凡旺氣方有高峯拱揖秀水縈朝主大吉利若山醜水直亦不為美更兼關煞來沮則變為凶矣

◉死氣訣　水路山崗犯死神家門寂寂主孤貧冷退災迍頻惹禍看看後代

シ人ヲ損ス、
○東南ノ路アレハ眼病淫乱病難養子續ナリ
○丁水冲ハ貧窮禍多シ
○坤ニ有路産婦驚風淫乱
○庚酉路ト水ト冲ハ病難不孝ヒンキウナリ
○亥丑艮ノ水路橋冲ベ火災難病
○巳巽ニ有橋難病亡命アリ
○居間吉凶
震居間　大吉
坤居間　吉

絶無人（此方山拱水遶亦可作財氣論雖不能發貴亦能發財勝似退氣也）

◉退氣訣

退氣原來最不良時人犯着禍難當營謀失本徒嗟嘆家道蕭條起禍殃（此方山水倶不利但宜低伏大忌此方水去泄我局氣）

◉殺氣訣

六趣生來受此殃只因定局欠思量急須移改凶為吉免得兒孫患久長（凡煞氣方有山崗高聳水路冲射謂之煞星昂露立宅安坆大凶平伏

兌山断

巽居間　吉
艮居間　大凶
乾居間　凶
兌居間　凶
離居間　吉
坎居間　凶
○西南ニ有池妻縁變ル公事散財難病アリ
○丁水廉星難産禍害アリ
○午宮路射テ禍多シ盗賊ヲ出シ淫乱不具ノ人ヲ出ス
○丙巽來ハ大吉也立身出世トス湾曲財宝多シ貴子ヲ生シ家中和ス

横遶則吉此方大忌水來水去反吉

◉冲關訣　關煞相冲不可當山崗水路射明堂干上相關猶自可支内相關立見傷（關煞者五黄方也與本局對冲故曰關煞凶與殺氣方同）

◉關煞生氣混雑訣　山家生氣福非常關煞凶災不可當只因善惡星相雑故令榮華見死傷（凡生氣方關煞方或煞氣方但有山崗水路來拱名善惡相半此地坎宅主出人口善心惡好訟喜

○巳ノ水冲來レハ、
貪窮散財ナリ
○乙辰戌乾寅申ノ
水連冲ハ賊情媱乱
病難不孝年々相干ス
○卯艮ノ水曲レハ
金銀滿屋逢禍モ化福ニ
○壬子癸水一直ニ冲
ハ家業消亡女縁ニ
ヨリ禍ヲ受ク邪媱
ヲ好ミ火災アリ
○亥水有情家、繁
昌ナレトモ寡婦ドナ
ル
○酉申一ニ冲ハ子孫
絶ス
○居間吉凶
乾居間　大吉

爭鬪衆成家ヲ多ク成多敗兒女雖モ多ト刑傷
難免官爵雖顯不得善終凡山崗水路
在テ煞方ニ發シ來却テ在生方ニ結局名行凶坐
善此ノ地ノ坎宅主逢凶有救逢難得福仕テ
外ニ招非居家死咎此短中ニ求長ヲ終ニ難久
遠若生ノ方ニ發シ來ハ却テ在關煞ノ方ニ結作名行
善ヲ坐凶ニ此ノ地ノ坎宅主好事ヲ多魔弄巧ヲ成
拙利客不利主無端災患破家ヲ
◉魁星ノ訣
魁星重疊起高峰ヲ九九星
中弟一ノ龍此地貞祥生傑士兒孫世代

離居間　大吉
巽居間　吉
坎居間　凶
震居間　大凶
兌居間　大凶
坤居間　凶
艮居間　吉
○高卑ナキ平地ハ死絶ノ地トス凶也

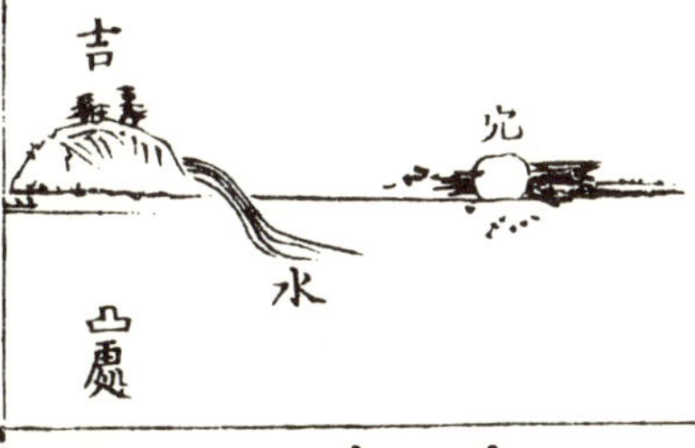

入朝中(土局見一白木局見八白火局見六白為魁星ト云惟一白為魁星此方發高峰來龍廻還八方拱朝此地坎宅主聰明才學世代為官孝義英傑永遠富貴或山水近促亦出英才富貴之人此星若為生氣財氣吉不勝言為退氣主高僧德士藝術出衆之人惟為煞氣主出人機關巧詐惡毒凶頑貧困刑夭凶禍難免也)

●善曜訣

三白生來是子孫莫將退

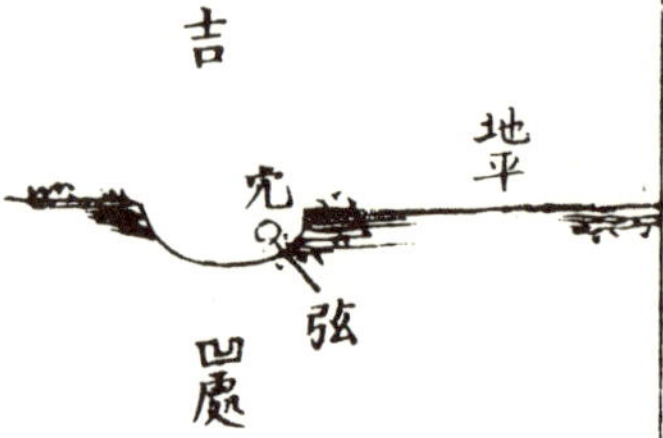

○水ノ流レ去ル方ハ天干ノ方ヲ吉トス地支ノ方ヘ流スハ凶ナリ地支ノ年ニテ吉凶ヲ問フ若シ酉ニ水ヲ去レハ酉ノ年ニ當リ凶アリト知ルベシ
○何レノ方ニテモ正面ニ沖ハ凶ナリ正中ヲ避クベシ

氣等閑論吉星臨照多興旺奕奕冠裳慶滿門(火山見八白土山見六白金山見一白為子孫善曜以其能制殺氣也此方有山水拱朝最能化凶為吉有寺觀鐘鼓振動為大吉地主子孫富貴聰明良善)

◉三吉地訣

地有三吉實宜求生氣魁星仔細搜大岡大山並車馬寺觀鐘聲一樣收(凡生氣魁星方得大山大水朝顧四季不絕者為一吉得橋路通車

二ツ𪜈形吉ナルヲ吉トス勢アシキハ凶ナリ

馬朝顧者為二吉得寺觀朝夕聞鐘鼓聲者為三吉主丁財兩旺聰明良善若在關煞之方則刑夭凶禍不可勝言矣

◉三元旺氣訣　看山須看主龍星上元一白吉宜明四緑之星中元吉七亦下元多有情（凡山崗水路得管元星朝顧主六十年大利如為生氣方始終大吉即殺氣方亦主六十年小利但出元則凶矣）

◉三元龍運訣　三元龍運理宜通上

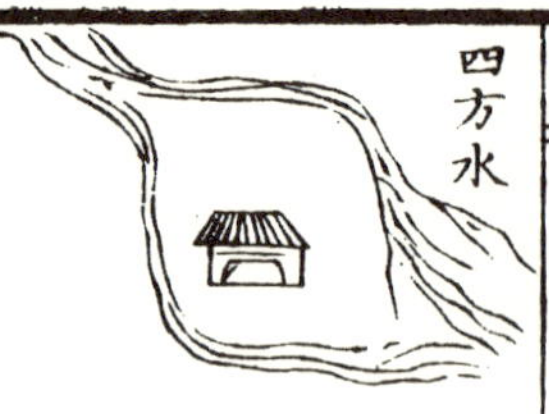

克殺ハ克メ殺スナリ克殺ナケレハ十分ノ吉ナリ禍来ルト云ヘ氏此ノ禍ニヲサレテ吉トユルナリ

元一白二三同中元四緑中乾位下元七赤艮離中如上元六十年甲子二十年一白管甲申二十年二黒管甲辰二十年三碧管而一白為統運六十年俱管他元做此每以管元星為主以論八方生旺如上元一白主運則坎局為旺氣一白水生木則震巽局得生氣水尅火則離局為煞氣金生水則乾兌局為退氣土克水則坤艮局為死氣其法以生元者為退氣尅元者為死氣得元生

生氣訣	旺氣訣	死氣訣	退氣訣	殺氣
○生氣ノ方ニ山或ハ水アリテ遠ク来レハ子孫代々孝行ニシテ富貴ナリ家来ニヨキ人アリ	○旺氣ノ方ニ高キ山有テ向ヘハ大吉ナリ若欠ケハ凶ナリ水モ同断ナリ	○水路モ山モ死袖ヲ犯セハ貧ニノ子孫タヱル然レ氏財ハ發スルナリ	○退氣ノ方ヘ水ヲ去ルトキハ大ノ不吉ナリ	○殺氣ノ方ハ来水ヲ大ニ忌ム此方ヘ

者ヲ為生氣受元ヲ尅スル者ヲ為煞氣與元比ナラフ者為旺氣其生煞氣與上ノ八方生煞ノ氣不同以本局得ルヲ生旺氣為吉死退ノ氣ヲ為凶也若シ地吉ナリト但不發福ヲ）

◉主運加カ飛ヒ法　如シ上元甲申年ノ後以二黒ヲ入中ニ順ニ加ヘテ八方ニ察ス其ノ各方之生尅ヲ以テ斷本局ノ之凶吉如キハ二黒入中三碧加ハリ乾ニ四緑加ル兌ニ是下尅ス上ヲ五黄加ハ艮ニ是比和ス六白加離是下尅ス上ヲ七赤加ハ坎ニ是上生ス下ヲ餘ハ倣ヘ此ニ凡ツ下尅スレハ上ヲ是主欺フサクヲ賓ヒンヲ主人ノ

水ヲ去ルハ吉ナリ
○来水ハ忌ヘシ
○去水ハヨロシ
○生氣ノ方ニ居テ関煞ヲ受ルハ凶ナル中ニモ吉アルナリ関煞ノ方ニ居テ関殺ヲ受ルハ種々ノ悪事来ルナリ
○六事ト云ハ
門　路　水道
地碓　竈　廁
○煞氣ハ悪方ナリ此方缺或ハ破ルレハ悪氣其方ヨリ入ルナリ
○退氣ハ貧ニカヽ

心不和官符是非為禍輕上尅下乃賓尅主為殺氣加臨百事不利必招凶禍或此地龍局砂水被人損破上生下乃外益内大興大發下生上乃外耗内冷退消下

又以主運為主論八方生殺氣吉凶如土二黒入中即以二黒為主三碧四緑加乾兌以乾兌二方為煞氣方九紫加震以震方為生氣方其死退氣做此凡人坟宅干主運生氣方有門路水道六

ル死氣ハ病ニカヽル
○九紫五黄飛到ト云ハ九紫ヘ五黄カサナルナリ公事火災貪ヲ主ル
○盤古王ト云ハ日本國常立尊ナリ天地ノ初メテ開ケシ時ノ天子ナリ
○伏羲ハ天地開ケテ後生レ玉フ王也其時天ト地トヲ見テ八卦ヲ作リ玉フ
○軒轅黄帝云ハ伏羲ヨリ第三ニ當リ玉フ天子ナリ家ヲ造ルヿヲ教ヘ玉フ

事旺財添丁煞氣方有缺陷破碎決招外禍五黄方有路冲動有動作大凶退方主退財死方主傷丁旺方有六事兼流年九紫五黄飛到主官事火災退敗此生煞冲關主管二十年乃大流年法也

◉主運流年九星加臨吉凶訣

生入煞方斟疾病煞入生方斷死生死上煞來動田産財臨煞退損犧牲殺臨關殺穿心害生入生方處處興惟有五黄刑

○晉ノ郭璞ニ至リテ家ヲ造リ墓ヲ築ニ吉凶ノ法アルヿヲ教ラレタリ
○竈ト門戸ト冲對スルハ凶ナリ
○主人ノ居間生旺ノ方ニアレハ無病長命ニテ福力全シ
○飛神ト云ハ九星ノ巡リアタル処ヲ云フ
○伏神ハ其飛神ノ巡リ來リシ処ノ主星ヲ云ナリ飛ハ動ク故云フ伏ハモトヨリ其処ニ居テ動カヌ星ナリ其星

神煞八方到處不留情以主運星流年星加八局局八方斷如坎局以坤為生氣加方上元甲子二十年又得七赤生氣加坤為生入生方餘倣此生見生主進財增產生見煞主官災得貴人救殺見殺主火災損人凡事不利煞見生半吉半凶上半年吉下半年損人退見退主禍害疾患生見退主損六畜小口後遇貴人以本方有山水道路朝拱及六事動作方斷

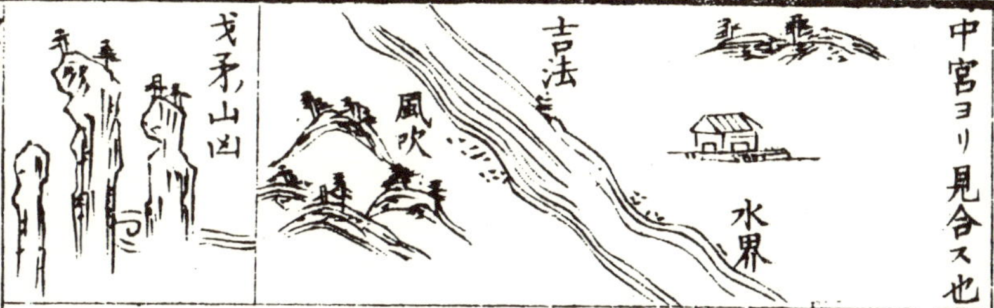

◉年月九星訣（修方用）天文九星歳歳推地理九星永不移飛去相生生貴子飛來克伏是凶期三白到坐主懷胎紫白臨門喜氣來刑害空亡俱不實生扶應得貴人財（流年九星加臨以本局本方為主飛來之星為客客生主生貴子客克主主凶禍如乾方是金八白加臨為生九紫加臨為克也又當以本星納音變化論方驗如九紫本火若甲子年遁得庚午土則九紫又變為土矣其變

朱雀翔舞ハ前山抱也吉

化以太歳五虎遁定之如甲子年起丙寅則八白變火丁卯則三碧亦變火若不知變化而執八白土三碧水則不驗也九星以三白九紫為吉星但不克本方便以吉斷也刑害者如一白到震子刑卯也一白到坤子害未也蓋一白即子也空亡者太歳本甲空亡之位如甲子十年戌亥空凡吉星凶星到空宮但落陷無力然白到此無用矣若紫白得到生扶之宮皆為吉也

朱雀不抱ハ凶也

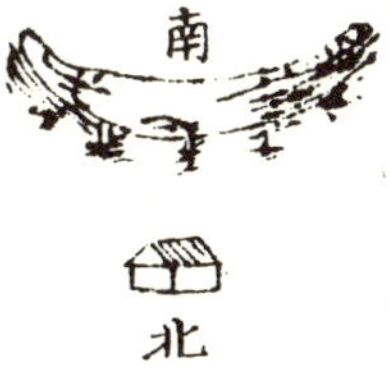

青龍蛇蜒ハ吉也

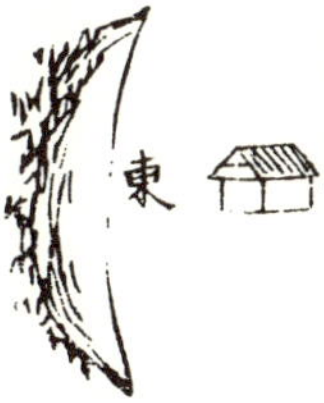

東方山卑クノ抱

青龍起頭蜒主凶也

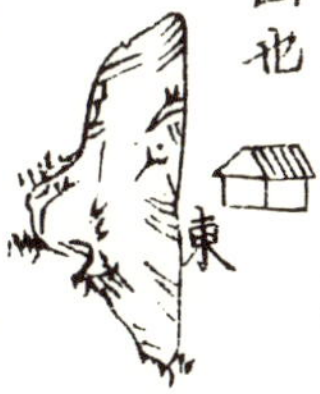

東山高クノ不抱

◉起年白訣

年白三元各不同上元甲子起坎宮中元四緑宮中起下元七赤逆行宮（毎甲子皆逆行九星皆順布如上元丙寅年甲子起坎則乙丑離丙寅到艮即以八白入中順飛也○凡修造大忌本局建方如坎局以一白為建若一白所到之方俱不可修又忌本局煞星所在如坎局忌犯二黒八白上方也犯建傷宅長犯殺招横禍又三白吉星所到但下克本方便以吉論若其餘

西方山抱テ畀シ吉

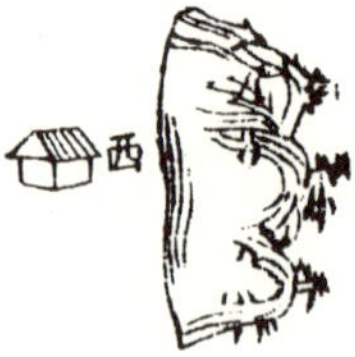

白虎高聳凶也

西方ノ山高クノ不抱ナリ

○今家ニ種々ノ凶事多キ時ハ家ヲ移

五星止以生本方作吉論否則皆凶也
○的流煞　以坎土起甲子逆行尋太歳到處即以其星入中宮陽年順飛查五黄所在是如丁酉年到巽即以四緑入中逆布則五黄到巽即的流煞也）
◉的命煞　以甲子入中順尋太歳到處即以其星入中逆布查五黄所在是如乙丑年到乾即以六白入中逆布則五黄到乾即的命煞也（暗黄煞一以上元甲子起七赤中元一白下元四緑逆

シテヨシ若シ凶事小ナレバ家相ヲ直シテヨシ天地ノ大ナルモ人ノ細工ニテ凶地モ吉地ト變スルナリ其訳コヽニ云ヘルガ如シ
○宋ノ世ノ亡サルハ艮嶽ノ守リ故也ソレ故先ツ元ヨリ艮嶽ヲ亡シテ後宋ノ世ヲ亡シタリ
○艮ハ陰ノ終リ陽ノ始リナリ伊奘諾尊幽宮ヲ淡路ニ作リ隠玉フト云ハ九州ノ都ヨリ淡路ノ津名郡伊弉諾尊ノ

尋太歳到處即以其星入中陽歳順行陰年逆行査五黄到處是如上元乙丑到乾即以六白入中逆行則五黄到乾為暗黄煞也暗黄之處犯之禍烈干明黄其驗如神

◉月白起正月星訣　子午卯酉起八白寅申巳亥二黒求辰戌丑未五黄起逆行順布八方遊（如子年正月起八白二月七赤三月六白以値月星入中順飛八方以論吉凶其法仝年星年家吉

神社ハ艮ニアタルナリ又大和ノ京奈良ノ京山城ノ京ヨリハ江州犬上郡多賀神社ニ當ル多賀ハ伊弉諾尊ヲ祀レリ共ニ皇居ヨリ艮位ニアタルナリ此レヲ神道ニテハ日少宮ト云テ天日若ヤキテ始テ昇リ玉フ処ナリ
○馬ハ午ナリ火ノコヲ云フ洗ト云フハ火ヲ消コヲ云フナリ

凶ハ猶寛月家ノ吉凶ハ最緊（モツトモキビシ）

◎三元日白ノ法　冬至一白雨水ハ赤穀雨原從四緑求夏至九紫處暑碧霜降ハ先從六白遊陽須順去陰ハ還逆但求六甲永ク無休若逢紫白方ニ為吉活法須當仔細捜（如冬至ノ前後甲子ノ日起一白乙夏至ノ日二黒夏至前後甲子ノ日起九紫乙夏八白以値日星入中順飛八方）

◎三元時白ノ訣　三元ノ時白日ニ相同シ陽ハ順ニ陰ハ逆ニ入ル中宮ニ冬至一七四當ニ記ス夏至

水法來去後説

○水法ハ兎角来水ヨリ去水ノ法ガ大事ナリ来水吉ナリ𪜈去水凶ナレバ凶ナリ来水吉ナラサレ𪜈去水吉ナレハ大吉ナリ
○直射直流家業退流ストアレバ土藏ナド門ロヨリ正面ニ見ユルハ散財貪相ナリ
○生ノ方ヲ水ニテ破レハ少亡ヲ主ル
○旺方ヲ水ニテ破レハ財禄ムナシ
○四神ニ烏石アレハ家業退散ス

九六三是宗(冬至後子午卯酉日子時一白辰戌丑未日子時四緑寅申己亥日子時七赤順行求値時星夏至後子午卯酉日子時九紫辰戌丑未日子時六白寅申己亥日子時三碧倶以値時星入中順飛)○巳上年月日時但得紫白生氣便為大利凡修三白之方不忌太歳將軍官符大小耗行年本命等殺惟天罡四旺太殺月建不可犯也

◉總論年月白訣

八卦山頭數要精

○家相悪シキハ主人ノ血脈ニカヽルナリ
○水ハ財禄ニカルト可知
○山ハモト静ナルモノナリ然レ𪜈山ノ勢ヲ見ルハ動ク処ヲ求ルヲ吉トス

動山図
福禄アリ

昭然易見理分明挨年算月評災福玄
玄透理鬼神驚凡殺氣加本局必發凶
如二黒加坎局是也生氣加本局必發
福如一白加四巽是也先以三元主運
加之則定其二十年之凶吉再以逐年
逐月之星加之則凶吉之期可決矣○
又三元數至本局為暗建對宮為暗破
如上元甲子丙寅年到艮艮局為暗建
坤局為暗破如原是吉地美穴則推動
本龍諸事迪吉若係凶地錯穴則諸事

不動山図
凶ニノ無福

○水ハ本動クモノナリ然ルニ静ナルヲ求ルヲ吉トスルナリ水音ノ高ク響ヲ忌澄ヲ貴ミテ濁ルヲ忌ム是レ動中ニ静ナルヲモトムルナリ

大凶ニ○凡太歳干支ノ本位ヲ為ス明建ト對ノ宮ニ
為ス明破ト如シ甲子ノ年甲在ルヲ震宮ニ為ス干明建
子在ヲ坎宮ニ為ス支明建ト兌ヲ為ス干ノ明破ト離ヲ為ス
支ノ明破ト戊己年ハ則チ干ノ建破俱ニ在中ニ犯ハ干ノ
建破ヲ禍福減ス半ヲ支ノ建破大凶ナリ不可犯ス
◉九星尅應訣　一白星本屬ス水ニ震巽ノ
修造ニ美ナリ看ヨ看ヨ七八九月來ルコモゴモ進ム南方外
處ノ財ヲ
○二黒星ハ本屬ス土ニ乾兌逢ニ之ニ修造美ナリ且ツ
待テ二八月交來ヲ進入ス東北兩方ノ財ヲ

動中ノ動水凶
永住シガタシ

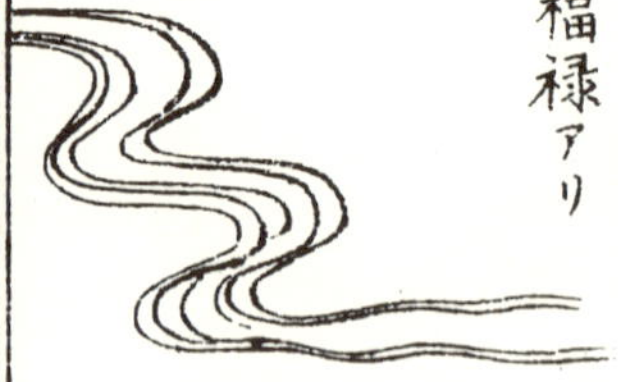
動中ノ静水吉

○三碧星ノ本屬ス木ニ餘宮ハ莫造作スルコト教シテ君ヲ南方用着時西方貨物六旬至ル 四緑仝シ

○五黄星中土ニ尊シ西北正相親ム此星但可修乾兌ヲ七八九月外財臨 八白更ニ吉シ

○六白星原屬ス金ニ坎山用之福彌深シ但交四六七八月東南ニ喜至樂忻忻 七赤仝

○九紫星ハ屬ス火ニ坤艮二山修造可待テ寅己午月年ヲ北方財産來非瑣ニ

◉太歳山頭白星訣 子年一白入ル中宮ニ午載相逢テ九紫同シ卯歳中宮三碧會ス

○大象可観小節ハ可略ト云ヘハ山法宅地共ニ大槩ニテ吉シ其外ノ瑣細ナルヿハ略スルモ尤ナシト知ベシ
○山法ヲ云フニ精神ノ外ニ顕レテ甚好穴ト見ユルハ反テ不吉ナルヿアリ又隠拙ナルモノニ反テ吉ナルアリ是ハ世上ノ人ニ譬ヘテ云ハヽ外見美シクシテ内心ノ不好人アリ外見アシクシテ内心ノ正シキ人アリ此善ク察セ

酉年七赤是星宗未申二年俱二黒辰巳同來四緑中戌亥中宮起六白丑寅八白正相逢白到山頭宜作用安坟立宅子孫榮白中有煞宜廻避犯者須斂立見凶（此十二年山頭白也以尅為凶如子年四緑加艮木尅土如作艮山方主傷四人犯一白傷一人二黒二人以星數推要知何時應近取則四緑主四十日或四個月遠取則艮方為丑寅年或未申相沖年也要知損何人以所犯

ザレバ誤ルヿナリ古人モ人ヲ相スルニハ貪キニ失シ馬ヲ相スルニハ痩タルニ失スルト云ヘリ山法風水ノ法理ヲ悟ラザレバ花穴假穴ヲ真穴ト見誤ル事アリ此理ヲ不知ヲ膠柱鼓瑟ト古人笑ヘリ柱ハ糸ノ緩急トヲ以テ一曲ノ中ニテ操トルモノヲ膠ヅケニシテ調子ヲ取ルヿナリガタキナリ
○山ハ秀テ美地ナリト云ヘ𪜈流水急

方地支應如艮方為丑寅生人也其月法與年仝如寅月以八白入中也白中殺者暗建殺六捷殺穿心殺鬬牛殺交劍殺受尅煞也犯殺之方俱不可犯一白到離非為吉二黒還逢坎上凶三碧四緑坤艮犯五黄八白坎中凶六白七赤震巽忌九紫相刑乾兌中白中有煞少人知多少時師曾不通但到水白為生氣黒黄碧緑赤何凶一忌煞氣入中如坎山忌黒黄八白入中大忌修造一

ニ衝テ有声バ其地終ニハ敗絶スルナリ山秀テ水急流ナレバ神社佛閣ノ地トナルナリ

○平地高山ヲ論セズ居穴ハ深キヲ吉トス浅ク露ナルハ不吉ナリ

○山中ノ水盡或ハ山窮屈ナレハ家亡ヒ血脈絶ルナリ

○文峯壓顔淵夭天柱高シテ彭祖壽ト云ヘリ文峯ハ火木星天ニ至ルナリ顔回ト云人三十二歳ニテ卒ス

忌煞星到方如九紫到乾兌方亦忌修造犯之主非横火盗官事瘟癀大凶其三元年月者白星同忌）子年乾坎震方開丑寅中兌艮離來卯年坤艮震巽吉辰巳離坤震兌裁午坤乾巽離中兌未申坤坎巽中離惟有酉年乾艮吉戌亥守宮艮兌推還有震乾為小利分明指與後人排（此郎山頭白定局也如子年以一白入中二黒加乾為生氣六白加坎為生氣八白加震為吉星故曰乾坎

○天柱ノ山ハ穴後第二節ノ山也此山高ク聳ハ壽ジ彭祖八百年ノ壽ヲ得タル人ナリ但ミ吉山吉穴ヲ面前ニ得テ正シキ代ハ福壽ト

震ノ方開餘ハ(全)

⦿年頭九星ノ訣　(修方大利)　十二年頭分ニ正位ヲ總領萬事ヲ主ル窮通世人不ハ信招凶咎尊此將為濟世切(子年ハ貪狼丑亥ノ年ハ巨門寅戌ノ年ハ祿存卯酉ノ年ハ文曲辰申ノ年ハ廉貞巳未ノ年ハ武曲午年ハ破軍毎以値年星ヲ入中宮順行求四吉帝星ノ到方ヲ大利申子辰年貪狼ヲ為帝星寅午戌年ハ巨門巳酉丑ハ破軍亥卯未ノ年ハ祿存為四帝星到山ノ向利造葬到方利修方)

モ全シ若吉山ナリ𪜈缺破レ或ハ斜欹𪜈ハ福壽ト𪜈ニ缺ルト知ルヘシ人家假山ヲ造ルナトニ此心得ヲ用ユベシ

天柱大吉壽山

陽宅訣　盤古首開天與地伏羲畫卦圖已備軒轅始創立宮室住基風水堪憑據傳及晋朝郭景純造室營攻知趨避于今符合鬼神機紫白星辰推高藝先須掌上排九宮（細究何方峰起何方水近以定卦局乃以卦星入中順飛八方以論凶吉先以生氣煞氣占外局砂水次以生氣煞氣分宅內房間其生煞等氣見上然生旺之氣又要本方無刑害為全美死煞之氣與本方刑尅更

〇家ノ前ニ水流レ来リテ左右ヘ八ノ字ノ形ニ流レ去ルハ此家ノ子孫不孝ナリ

八文字ノ水大凶

〇案山ノ外ニ別ノ山有テ其山ノ頭ヲカリ見ユル家ニハ淫乱ノ人タエズ

凶。又以本局長生帝旺為有氣方病死墓絶為無氣方內外兩局俱要論）朱玄青白四獸神詳察左右前後住三白九紫例非同相合相生君須記但能乗此吉宮行分房動作皆為庇黒黄碧緑雖云凶若逢生氣吉無窮或遇退煞何須取但値旺位主富榮（陽宅分房固以本局星入中論其方生氣煞氣凶吉矣然其本方亦自有生旺死退吉凶之分也飛尅本位為煞本位尅飛為死飛生本

○家ノ正面へ流水沖ハ子孫ナシ凶ニ

○家ノ後へ流水沖スルハ其人子ハ有レドモ家ナシ凶ナリ

位為生本位生飛為退相比為旺合中宮之生旺而本位又自為生旺不相刑害則吉合中宮之生旺而本方自為退煞則吉凶相半久則退敗不得中宮之生旺而本方自為生旺不相刑沖者反吉若此者要助起本方毎方以房床為主定為其局以論生尅又以房床之星入中順飛門戸竈厠之類擇其生旺避其關煞大忌竈干房門相沖關若有沖尅可移其一也定局論方各有妙尅大

○元日甲ナレハ米下直ナレ𪜈人ハ病アリ
○元日乙ナレバ米麥貴ク人多ハ疫
○元日丙ナレハ四十日ノ旱アリ
○元日丁ナレバ絲綿タカシ
○元日戊ナレバ粟麥魚塩タカク旱之
○元日己ナレハ米高ク蚕凶風雨多シ

抵吉多則吉凶多則凶也○本方與中宮須分賓主加盤與定位當辨重輕明退我而暗伏生當有進機明生我而暗洩氣成不勝敗中宮之生旺方住之人財兩旺如為本方退氣自洩其神雖發不久後多財絶各方自犯殺氣死氣無生氣救敗絶自犯退氣必絶中宮之殺方退方若本方自生自旺住之主人丁繁盛○九星飛布各方上生下為生氣吉然既看八卦之生尅又須詳十二支

○元日庚ナレハ金鉄高ク米安ク人ハ病アリ
○元日辛ナレバ麻ハ高ク米安クノ麥ハタカシ
○元日壬ナレハ米麥ハ下直ナリ絹布大豆ハ高直ナリ
○元日癸ナレバ米高ク火事アリ人畜病タシ

●正　月

立春　天晴テ雲ナキ𪜈ハ豊年ナリ陰レハ虫アリテ田ヲ損ス

風　乾ヨリ来レハ

之吉凶如三碧屬木生亥且卯禄寅死午墓未絶申加坤艮為殺氣加離為生氣入坎為退氣入乾兌為死氣然到艮有寅禄到乾有亥生則寅亥二方為吉也如巽固為旺氣然木病于巳則巳又為凶方也餘倣此○又當論年命之生尅年命尅本山飛神甚凶尅本山伏神主少亡外死伏尅年命主損妻生逢三白福禄崇開門井竈六事通死絶或遇赤黒碧凶禍亦與沖關同（凡本局長生

暴霜有テ物ヲ損ス坎ヨリ来レハ大ニ寒キヿアリ震ヨリ来レハ暴雷アリ巽ヨリ来レハ蟲災有離ヨリ来レハ旱シテ万物ヲ傷ル坤ヨリ来レハ逆氣トス寒ヲ主ル六月ニ大水アリ無風人安ク物倍セ

【雲】赤雲東ニアレハ春ノ旱ナリ黒雲ハ春雨多シ赤雲南ニアレハ夏ノ旱ヲ主ル

【上元】十五日也日晴ハ春三月雨少ク菓熟雨

帝旺ノ方更ニ得三吉星ノ加臨ヲ開門六事大吉若死絶之方更ニ遇凶星ニ亦如シ五黄ノ方之不吉也○九升曰古人論氣數ヲ毎ニ以五百年ヲ為言ヲ如五百年必有王者興五百四十一年圯五百年間ニ出帝主ヲ而所以五百之故人未必晰ラカナラ也蓋氣數ハ出于洛書ニ大小運大運分三元ニ毎元ニ三甲子毎甲子ニ行一宮ヲ毎宮主ル六十年ヲ故六九五百四十年也小運亦分三元ヲ毎元ニ一甲子毎ニ甲行ル一宮ヲ毎宮主ル二十年ヲ故

アレハ秋稍少シ
【雨水】正月中也ノ日陰ㇷ多クレハ水少シ貴賤トモニ吉也
●二月
【春分】二月中也日天晴煥ハレハシ熱ケレバ万物不成月ニ光リナケレハ火災アリ
【風】乾ノ風ハ寒多シ艮ノ風ハ洪水アリ巽ノ風ハ草木ニ蟲ツク四月暴ニ寒シ離ノ風ハ五月ニ雨アリ後ニ旱トナル坤ノ風ハ水多シ兌ノ風ハ春寒シ
【雲】青雲アレバ豊

二九乙百八十年也凡ソ大地ハ宜ク以テ大運ヲ推ス其ノ興廢ヲ中ル者ハ以テ小運ヲ推ス之ヲ小局ニ則チ有リ不ル能ハ足ルニ六十年之數ニ者矣地ニ有リ大小運故ニ有リ大小運有リ旺衰塚宅モ固ヨリ有リ旺衰所ナリ為ス氣數ヲ也）

坎局九星之圖

巽 九紫死氣方	離 五黄殺氣方	坤 七赤生氣方
震 八白殺氣方	中一白	兌 三碧退氣方
艮 四緑退氣方	坎 六白生氣方	乾 二黒殺氣方

本局向方
宜立未坤ノ向
去水利方
宜シ丁方ニ

砂ノ訣
一陽坎山起巽峯坤龍坎
位疊重々卯酉離山乾艮
伏子孫昌盛福興隆

年ナリ霜アレハ旱ナリ

花朝 十五日也 晴トキハ百花發豊年ナリ風雨アレハ不作ナリ月ニ光リナケレハ災異アリ

社日 立春ヨリ五ツメノ戊ヲ社日ト云ナリ社日春分ヨリ前ニアレバ豊年ナリ春分ヨリ後ニアレハ不作也社日晴レハ草木人畜トモニ大吉ナリスコシ雨ハ苦カラス

●三月

晴明 三月節也 此日晴レハ吉ナリ雨フレハ

坤局九星之圖

巽 一白死氣方	離 六白退氣方	坤 八白旺氣方
震 九紫生氣方	中 二黒	兌 四緑殺氣方
艮 五黄沖関方	坎 七赤退氣方	乾 三碧殺氣方

本局向方
宜立震巽巳未坤申向
去水利方
宜申方

砂ノ訣
二十陰坤山起午峰巽為魁
曜卯為龍乾兌艮方低拱
伏子孫福禄位三公

震局九星之圖

巽 二黒死氣方	離 七赤殺氣方	坤 九紫退氣方
震 一白生氣方	中 三碧	兌 五黄沖関方
艮 六白殺氣方	坎 八白死氣方	乾 四緑旺氣方

本局向方
宜辰戌巳亥卯乾向
去水利方
宜辛方

砂訣
三十陽震山乾巽峯卯為魁
曜子為龍坤兌艮離山拱
伏兒孫世代福重重

穀ヲ損ス
[風]坤ノ風ハ桑ヲハンズ雷鳴ハ麥悪シ
[穀雨]三月中也 三月中ノ前ノ日ニ霜アレハ旱ヲ主ル
● 四月
[立夏]四月節也 此日天晴レハ旱ナリ日暈アレハ洪水ナリ雨アレハ吉ナリ風アレバ熱キナリ
[風]乾ノ風ハ霜アリ坎ノ風ハ雨多シテ水満ル艮ノ風ハ山崩アリ離ノ風ハ旱ナリ坤ノ風ハ入

巽局九星之圖

巽 二碧旺氣方	離 八白死氣方	坤 一白生氣方
震 二黒死氣方	中四緑	兌 六白殺氣方
艮 七赤殺氣方	坎 九紫退氣方	乾 五黄沖関方

本局向方
宜立巳午丙丁坤卯未巽向
去水利方
宜壬方
砂訣
四陰巽山起震峰坤為魁
曜午為龍坎艮兌乾山拱
伏腰金衣紫祿千鍾

中宮局九星圖

巽 四緑殺氣方	離 九紫生氣方	坤 二黒旺氣方
震 三碧殺氣方	中五黄	兌 七赤退氣方
艮 八白旺氣方	坎 一白死氣方	乾 六白退氣方

本局向方
宜立丙午艮向
去水利方
宜辛方
砂訣
五陽山前坤艮峰坎為牙
笏午為龍巽震兌方低拱
伏子孫代代出三公

不安草木傷ル兌ノ風ハ蝗アリ

【雲】南方ニ雲アレハ豊年ナリ

【小満】四月中也 此月雨有レハ豊年ナリ此月ノ内ニ卯ノ日三ツ有レハ麻ヨロシ

●五月

【芒種】五月節也 此日天晴レハ豊年ナリ節ヨリ十五日ノ間ハ雷ナキヲ吉トス

【端午】端ハ始ノ五日故ニ端午ト云之 此日天晴ハ水多シ月ニ光テケレバ旱ナリ火災アリ雨フレハ絲綿タカク来

乾局九星之圖

巽 五黄冲關方	離 一白退氣方	坤 三碧死氣方
震 四緑死氣方	中六白	兌 八白生氣方
艮 九紫殺氣方	坎 二黒生氣方	乾 七赤旺氣方

本局向方

宜立丁癸子午卯酉向

去水利方

宜丙方

砂ノ訣

六陽乾山震坎朝西龍午位兩峰高艮巽坤方平伏ノ拱安居此地子孫豪

兌局九星之圖

巽 六白旺氣方	離 二黒生氣方	坤 四緑死氣方
震 五黄冲關方	中七赤	兌 九紫殺氣方
艮 一白退氣方	坎 三碧死氣方	乾 八白生氣方

本局向方

宜立辰巳丙午丁未申乾艮巽向

去水利乙方

砂訣

七陰兌山離巽峰乾為善曜艮為龍震兌二方冲激少兒孫困窮本榮

年ハ豊年ナリ霧ハ洪水アリ雹アレバ鳥獣死シ艸木傷ル

【夏至】五月中也端午ノ前ニ在レバ雨ヲ主ル末十日ノ中ニ在レハ凶作ナリ此日日ニ暈アレハ大水アリ

【風】乾ノ風ハ大寒坎ノ風ハ寒暑不定崩アリ艮ノ風ハ洪水山ヲ崩巽ノ風九月ニ大風アリ坤ノ風ハ六月ニ洪水アリ兌ノ風ハ秋早ク寒シ

【雨】夏至ノ雨ハ滞

艮局九星之圖

巽 七赤退氣方	離 三碧殺氣方	坤 五黄冲関方
震 六白退氣方	中八白	兌 一白死氣方
艮 二黒旺氣方	坎 四緑殺氣方	乾 九紫生氣方

本局向方

宜ク立ニ甲庚卯酉乾艮兌向ニ

去水ハ利ニ庚離方ニ

砂訣

八陽山前震巽峰兌ヲ為ニ魁曜ト乾ヲ為レ龍離坎坤方低拱伏登科及第入ニ朝中ニ

離局九星之圖

巽 八白退氣方	離 四緑生氣方	坤 六白死氣方
震 七赤死氣方	中九紫	兌 二黒退氣方
艮 三碧生氣方	坎 五黄冲関方	乾 一白殺氣方

本局向方

宜レ立ニ丙丁丑未寅申午艮向ニ

去水ハ利ニ癸方ニ

砂訣

九陽山前坤巽峰離ヲ為ニ魁曜ト艮為レ龍坎兌乾岡低遠ハ吉子孫富貴永ク無レ窮

トナル
雷　此日雷アレバ淋トナル
雲　此日雲アレバ夏暑甚シ此日巳ノ時東南青氣アレバ豊年ナリ無レバ十月ニ災アリ此月ニ月蝕アレバ旱ナリ此月雷不鳴ハ五穀半作ナリ

●六月

小暑　六月節也此日東南風アリテ白雲ノ塊タルヲ見レバ難船アリ白雲ノ塊半月モアレバ大旱ナリ此月ノ内ニ日月ノ

◉坎局八方水訣　坎山坎水武曲星
此壠洋流値萬全三子位中家業盛田財倍進稱人心

○坎山艮水實非祥人口分離別故鄉
田土下元都敗盡中元還許置田庄

○坎山震水是凶魁倉庫金銀化作灰
小房男女瘋癆死瘟癀孤寡迭相隨

○坎山巽水進田庄山水朝來中子昌
下後兒孫人口旺家業豊隆比孟堂

○坎山離水惡相冲有人犯着敗田庄

蝕アレバ旱ナリ此日凉ケレハ五穀不作ナリ

●七月

【立秋】七月節也此日晴レバ万物實ノル𛀁少シ凉ケレハ吉ナリ熱ケレバ来年ノ災旱ヲ主ル

【風】乾ノ風ハ暴寒シテ雨多シ坎ノ風ハ冬雪多シ震ノ風ハ秋暴雨アリ艸木再榮巽ノ風ハ凶離ノ風ハ旱坤ノ風ハ豊年ナリ兌ノ風ハ秋霜早シ

【雲】西ノ方ニ雲ア

勸君休戀此山水下後三年有損傷

○坎山坤水小房强吉水相迎百事昌
後代兒孫官職旺朱衣執笏佐明王

○坎山兌水號天羅下後兒孫患難磨
惡曜刑迎倉廩耗更防疾病損傷多

○坎山乾水怕冲流四五三房敗絶休
患難瘋癆虚腫死更防官訟退田牛

◉坤局八方水訣

坤山坎水是元龍水路朝迎山頓路口許下元人富貴上元中甲主貧窮

レハ黴雨アリ吉ナリ西南黄雲アリテ群羊ノ如クナルハ坤ノ氣至ルナリ豊年ナリ

【七夕】此日雨アレハ吉ナリ

【處暑】此日雨アレハ豊年ナリ此月ノ内ニ蝕アレハ人ニ疾アリ洪水アリ此月ノ中ニ卯ノ日三ツアレハ豊年ナリ

●八月

【白露】八月節也此日晴ルル年ハ蝗虫ツキ稲ヲ損ス若シ納音火ニ属スレバ蟲多シ

○坤山艮水是凶神　劫盗風聲敗滅身
横事官災重疊至　父兄妻子不相親

○坤山震水合天機　富貴官高衣錦緋
下後諸方同發福　常乘車馬歩丹墀

○坤山巽水來朝迎　四季安康日日新
進入田庄官職旺　豪英富貴作朝臣

○坤山離水紫微星　瑞氣迎門日日新
進入田庄猶未止　賢良及第作乾臣

○坤山坤水起峰巒　富貴榮華萬事歡
百子千孫皆俊秀　家藏珍寶有千般

テ物ヲ損ス

【八朔】八朔ト白露ト同日ナレバ果穀不作ナリ八朔ト秋分ト同日ナレハ万物貴シ

此日晴レハ冬中旱ナリ雨フレハ麥ニヨシ大風雨アレハ人不安南ノ風アレハ豊年ナリ

【中秋】十五日也晴レハ来年水多シ曇レハ蕎麥ニ無實雨フレハ来年水少シ

【秋分】八月中也秋分ノ日天晴レハ豊年トリ少シ雨フリ天陰レ

○坤山兌水忌ム朝冲ヲ長子先ツ亡ヒ禍患重ル
牛馬血財皆瘦死人丁夭メ絶業還空
○坤山乾水起ス高岡ヲ風癆悪疾不離床ヲ
屋宇田園倶ニ賣盡ス三男子息發身亡フ
◉震局八山水訣
震山坎水向フ財宮ニ
少子能敎似セ石崇ニ更ニ許ス諸房同ク富貴子
孫世代入ル朝中ニ
○震山艮水是レ凶方犯著スレハ先ツ敎滅ス兒房
非レ災横事年々ニ有リ田庄賣盡ク子孫亡
○震山震水起ス高峯ヲ百子千孫勝ツ祖宗ニ

ハ最ヨシ来年大豊年ナリ

風　乾ノ風アレハ下半年陰雨アリ坎ノ風ハ寒多シ艮ノ風ハ急風アリ震ノ風ハ逆氣トス草木不實巽ノ風ハ十月暴氣アリ離ノ風ハ凶年ナリ兌ノ風ハ豊年ナリ

雲　此日酉時西ノ方ニ白雲アレハ豊年ナリ白雲ト黒雲ト雜レバ麻ト豆トヨシ赤雲アレバ来年旱ナリ霜アレバ人ニ病多シ

出水來朝中子富滿門朱紫入朝中

○震山巽水是辰巳方巳午年來倍庫倉

太歲加臨生貴子終當執笏在朝堂

○震山離水使人愁病訟連年不肯休

只許下元田產旺上中敗絕見荒坵

○震山坤水損中房疾病重重及夭亡

官事風癆兼自縊火光九數必相傷

○震山兌水是廉貞橫事凶災入宅庭

敗盡田園猶未已可憐絕滅又遭刑

○震山乾水地都魁曜要分明秀麗岡

巒拱宅庭廻龍顧祖家榮顯衣紫腰金
滿帝京

◉巽局八方水訣

巽山坎水主災殃
殘疾刑傷不可當他日遭宮并失火流
離淫佚子孫亡

○巽山艮水來冲破三七年中火血光
惡疾風癆人暴死禍來滅絶實難當

○巽山震水最宜扞一土臨門富貴全
中子興家先顯達子孫代々出名賢

○巽山巽水起重峰細看來龍在本宮

○八月ノ月内ニ二日蝕アレバ瘡ノ病多シ月蝕アレハ米ト魚ト必シ貴人ニ崇ル此月雷鳴スレハ不宜ナリ此月雹雪アレハ病人多シ

●九月

寒露 九月節也 朔日寒露アヘハ冬大ニ寒シ朔日九月ノ中ナレハ雨多シ来年ハ豊年ナリ朔日晴レハ万物不成

重陽 九月九日也 此日晴レハ冬至ト元日ト上元正月十五日清明三月中右ノ四月皆晴ナリ此

日東北ノ風アレハ来年豊年ナリ西北ノ風アレハ来年凶作ナリ此日雨フレバ豊年ナリ来年モ豊年ナリ

十三日晴レハ冬中晴天ナリ月暈レハ蟲アリテ草木ヲリコナフ

九月二日蝕アレハ饑饉疫病アリ月蝕ハ牛馬ニ災アリ

九月ノ中月ノ晴レ少ケレハ蟲ノ災アリ布帛貴シ

九月ニ雷鳴アレハ不作ナリ

更得吉星堆疊聳定出賢士顯家風

○巽山離水吉堪言下後兒孫進庫田

小子中男先富貴諸房也主禄高遷

○巽山坤水遠長流增益田庄進馬牛

英才俊秀登金榜爲官職大坐京州

○巽山兌水是金宮犯此凶星立見窮

婦女必然産孕死弟兄父母各栖東

○巽山乾水怕迎沖火盗瘟癀産難凶

公事連年并惡死兒孫絶滅更無踪

◉中宮八山水訣

中宮坎水牙笏招

●十月

立冬 節也 十月此日天晴レハ冬暖ニメ魚多シ

風 乾ノ風ハ豊年ナリ坎ノ風ハ霜多シ震ノ風ハ大雪ニメ酷寒ス巽ノ風ハ冬温ニメ來年ノ夏旱離ノ風ハ次ノ年ノ五月大疫アリ坤ノ風ハ水溢ル

雷 此月雷アレハ萬物不作ナリ此月日蝕アレハ冬旱也月蝕アレハ萬物不作ナリ

●十一月

諸房積聚又官高横財日日來増進只為貪狼山水朝

○中宮艮水喜迎來小子應知早發財
世代榮華人孝弟兒孫藝藝有良才

○中宮震水是煞方水直山高不可當
長房先見瘟癀死婦女須教産後亡

○中宮巽水若相逢營造人家立見窮
滅絶子孫田産盡婦人淫走亂家風

○中宮離水起高峰來去縈廻左右同
其家富貴田蠶旺代代榮華有爵封

冬至 十一月中也此日晴レハ年内雨多クシテ万物不作ナリ

風 寒ケレハ大吉ナリ乾ノ風ハ来年ノ夏旱ナリ艮ノ風ハ大雷雨巽ノ風ハ蟲草木ヲ傷ル離ノ風ハ人ニ凶ナリ坤ノ風ハ水多シ兌ノ風ハ雨多シ

雲 北ニ青雲アレハ豊年ナリ雲ナキトキハ不作トナリ

露 露アレバ来年旱ナリ

朔日 冬至朔日ニアタレハ不作ナリ風

○中宮坤水起巒峰恵聰明福禄崇山
朝水顧人丁旺長幼和門萬事通
○中宮兌水白猿精自古常爲血及星
病患連年家業廢下元陰極又陽生
○中宮乾水遠來朝進入田庄福自饒
了息賢良多孝義登科及第出英豪
◉乾山八方水訣　乾山坎水若朝來
倉庫須教積寶財定主子孫官職顯白
衣身到鳳凰臺
○乾山艮水是凶方産厄瘋癆火血光

雨アレハ麥ハ不作ナシ大霊フレハ来年凶作ナリ此月ハ日蝕月蝕アレハ万物タカシ

●十二月

小寒 十二月節也此日風雨アレハ六畜ヲ損ス

大寒 十二月中也此日風雨アレハ鳥獣ヲソンブ

除夜 卯分東北風フレハ来年豊年ナリ卯分ノ夜大吹ハ来年疫ナシ暴雨降テ寒ケレハ来年六七月洪水アリ此月二日月ノ蝕ヲ

淫蕩官災瘟疫至更防絶滅敗田庄

○乾山震水起高峰只得中元氣勢雄
一代生涯難久恃下元依舊主孤窮

○乾山巽水不宜來長子先教受禍胎
太歳加臨刑法死廩倉虚耗化塵埃

○乾山離水愛朝流子子孫孫世代豪
進入外州田與産賢才孝義出官高

○乾山坤水見乖張父子分離出外鄉
屋宅田園倶蕩盡幼孫鰥寡實堪傷

○乾山兌水起峰高勢直來龍福祿饒

方崇住之法

レハ来年洪水アリ
月ニ光リナケレバ
五穀不作ナリ
住所ノ床ノ下一面
ニ上土ヲ掃取其土
ヲ一所ニ積置是ニ
御酒洗米燈明ヲ備
ヘ主人浴シテ身ヲ
清浄ニナシタ方西
天ニ現ル大白星ヨヒノ明星ト云フ拝シテ侘ス
ベシ如斯七日シテ
七日目ノ夜彼土ヲ
川ヘ流シ其帰リ道
ニテ後ヲ不可見扱
又床ノ下ノ上土取
タル跡塩水ヲ打吉
方ノ土吉方ハ天道天徳ノ方く

若得主星同守拱當教世代佐皇朝
○乾山圓秀復昂藏罡勢還教福滿堂
下甲小男多富貴上中依舊只如常
◉兌局八方水訣　兌山坎水不宜朝
産業雖多似雪澆破産忤逆曹刑死長
房零落絶根苗
○兌山艮水是貪狼富貴英才福禄昌
孝義忠良登甲第滿朝朱紫實非常
○兌山震水是冲關一犯廉貞事不閑
徒配風聲産厄死兒孫零落又多艱

ヲ取テ一面ニ敷ナラスヘシ
其外何事ニモ右ニ云吉方ノ土ヲ用テ柱立造作等シテ崇ルヿナシ但シ吉方ノ造作ニハ土ヲ用ルニ不及
床ノ下ノ土ヲ積置大白星ヲ祭テ侘ルソナヘ

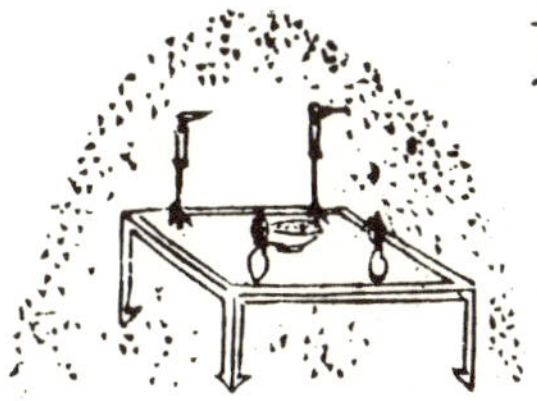

○兌山巽水子孫昌家睦人和孝義豊
倉廩孳牲多茂盛英名遠播實非常

○兌山離水喜朝迎定主英才衣錦榮
更主家藏千萬寶兒孫世代旺人丁

○兌山坤水旺中元富貴还知蔭鳳鸞
辛甲下元當敗滅鰥夫寡婦敗田園

○兌山兌水主瘟瘽定見人丁多滅亡
賣盡田園家必破遭官訟獄被刑傷

○兌山乾水看來由西北峰高進馬牛
先主中房身富貴諸房衣紫旺田疇

○宅ノ内外木或ハ竹ニ忽白キ粉ヲ生ル時ハ家ニ不幸アリ

○宅ノ竹木自然ト枯ルモノハ子孫他郷ニ去ルヲ患アリ

○宅ノ前後ノ樹木自然ト盤旋テ家ニ向ヒ枝葉茂ル時ハ富貴發達スルナリ

○樹木宅ニ背キ枝葉外ニ向クヲ返枝ト名ク不吉ナリ伐ヘシ

○宅ノ竹鳳ノ羽龍ノ鱗ノ如ク盤旋宅ニ向ヒ冬〻モ青〻ト

◉艮局八方水訣

艮山坎水不堪扦
動用逢之禍患連
父子分離多破敗
瘋癆惡疾入黄泉

○艮山艮水足金銀
此地分明出富人
子息賢良還茂盛
長男加禄福如春

○艮山震水出賢才
義聚家和積善來
子子孫孫多茂盛
盈倉滿庫足銭財

○艮山巽水起高岡
元氣加臨福異常
運值下元家業盛
上元中甲退田庄

○艮山離水是凶神
水直山高損害人

蠶之事

シタルハ富貴也
○竹木花果ノ樹忽黄凋モノ宅ニ向フ𪜈ハ凶ナリ伐ベシ伐レ之バ吉トナル
○家ノ前後竹木青ク茂リ常ニ鳥来リテ棲四季不絶モノハ發達ヲ主ル
○家ノ前後竹両方ヘ開キ枯ルヽモノハ凶ナリ不和ヲ主ル
○蠶鳴ヿアリ富貴ヲ主ル
○蚕ノ繭ニ血ノ付ヿアレハ其家難産アリ

下後連年災禍至兒孫敗絶斷親隣
○艮山坤水勢嶙峋太歳加臨損害人
火盗瘟癀兼産厄流徒没陣更亡身
○艮山兌水勢昂昂巨富家財大吉昌
中子封官加禄位諸房富貴出賢郎
○艮山乾水旺兒孫富貴先興中子門
諸子英才皆及第忠良代代盡稱尊
◉離局八方水訣
離山坎水是關星
定見兒孫病満身産難血光并横死
看後代絶人丁

○蚕ノ両頭ノモノアレハ其家分散ス凶ナリ
○蚕咬アヘハ其家不和ヲ主ル
○蚕種鳴コトアリ火災盗賊ヲ主ル
○凡人家ニ怪コトアリ或ハ悪夢ヲ見ナドシテモ心中ニ不平ヲ懐コトナカレ古人モ怪ミヲ見テ不怪サレバ其怪忽チ破ルト云ヘリ又怪キコトアリ或ハ悪夢ヲミルトモ必ズ人ニ語ルコトナカレ然レ圧若シ心ニカヽラハ当年星ヲ祭リテ其凶ヲ除

○離山艮水起高岡下後兒孫禄位昌
世代為官朱紫異團倉盈積萬年粮
○離山震水破軍星有人犯着不安寧
此星坐處宜安靜寃得牛羊作犯刑
○離山巽水只平平此是明龍左輔星
若得大岡來顧祖子孫榮顯至公卿
○離山離水福興隆百里岡龍喜頓峰
更有本宮威勢猛文為卿相武侯封
○離山坤水益兒孫自有錢財進入門
子息賢才崇孝義龍來迴繞旺鄉村

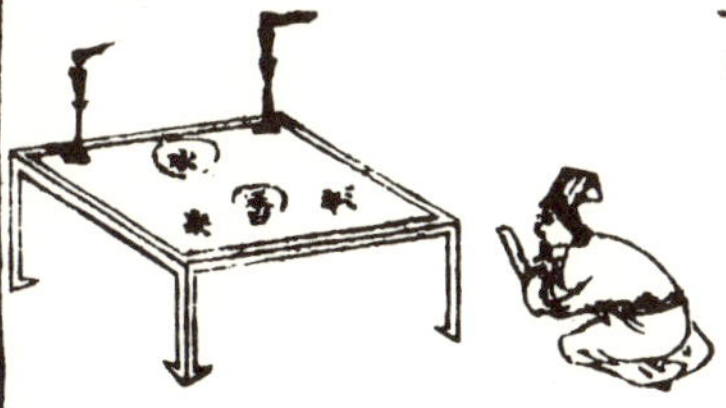

クヘシ其法先ツ静ナル夜家内ヲ清メ門ノ方ヘ向テ机ヲ置燈明香花ヲ供ヘ浄キ器ニ新汲水ヲ入レ供ヘテ星ヲ祭ルナリ扨其供ヘタル水ヲ三日ノ後河ヘ流スヘシ其凶自然ト去テ吉トナルナリ

○離山兌水禍来ルコト奇ニ屋宅空虚子女迷フ走リ遍ク他郷ニ生計少ク鰥夫寡婦日悽悽

○離山乾水忌ム相逢フヲ定テ主ル兒孫忤逆凶ヲ自レ此田園消蕩尽家門敗絶禍重重

◉正五行 四中ノ五行也

正五行ハ一名ハ老五行ト亥壬子癸ハ水寅申卯乙巽ハ木巳丙午丁ハ火未坤丑艮辰戌ハ土申庚酉辛乾ハ金此レ生成之五行也行龍傳變之節候則以テ此論ス其生尅ヲ焉

◉雙山五行 其位係ル天盤ニ故ニ論ス龍ノ五性ノ五行也

雙山五行ハ

金神七殺方事

右當年星祭ル檀ノ國ナリ常ニテモ惡星流年ニハ祭ルベシ其法モ此ト同皆凶ヲ避吉ニ趨ノ法ナリ

○當三白九紫ノ方時無忌

○又云金神方違ヒ土ヲ犯ス事ヲ忌ム若シ此ヲ犯セバ祈ルトコロナシ但シ三白九紫有氣ノ方ニ竹林ヲ植家造リ池ヲホレハ即其災ヲ轉シテ安カルヘシ

者一名地卦五行坤壬乙申子辰水乾甲丁亥卯未木艮丙辛寅午戌火巽庚癸巳酉丑金以五氣之生旺墓合為一行也其中無土者土附四行而行也老五行為五行之質雙山五行乃五行之氣故推龍氣之生旺用雙山而不用老五行其位以干維從地支者論龍則取天氣先至地氣後至故悉早半位也雙山五行之用專以八首之五行分左右旋以定八千之氣如乾亥八首左旋者

本命屬星

○子年人　貪狼桐木ヲ枕トス
○丑亥人　巨門槐ノ木ヲ枕トス
○寅戌人　祿存楡ノ木ヲ枕トス
○卯酉人　文曲棗ノ木ヲ枕トス
○辰申人　廉貞桑ノ木ヲ枕トス
○巳未人　武曲李ノ木ヲ枕トス
○午年人　破軍杏ノ木ヲ枕トス
右ノ枕ノ法ハ病身ナル人ハ此枕ヲ用テ忽チ無病ノ人ト成但シ枕ノ大小寸

爲甲木龍右旋者爲乙木龍也左旋者爲自墓趨生從生逆行入墓其氣易衰其蔭不久右旋者爲自旺趨生從生逆行入旺其氣愈吉其蔭悠遠也又以其于論砂水則生旺之方砂宜高而水宜來死絶之方砂宜低而水宜去也呉公有天王外傳四十八局此五行之法例也

經曰氣乘風則散界水則止故謂之風水風水之法得水爲上藏風次之何以

中一

法ハ五姓ヨリ九星ノ寸尺ヲ用ル也

一戈　十戈　十九戈
廿八戈　卅七戈　四十六戈
五十五戈　六十四戈　七十三戈
八十二戈　九十一戈　百戈

右ハ中ノ一羅喉星ニ當テ大凶万事慎可恐年也

本命

中央
七戈　十六戈
廿五戈　卅四戈　四十三戈
五十二戈　六十一戈　七十戈

巽
八戈　十七戈
廿六戈　卅五戈　四十四戈
五十三戈　六十二戈

震
九戈　十八戈

言之夫外氣所以聚內氣界水所以止
來龍千尺之勢委宛頓息外無以聚內
氣散于地中經曰不蓄之穴腐骨之藏
也夫噫氣爲能散生氣龍虎所以衛區
穴疊疊中阜左空右缺前曠後折生氣
散于飄風經曰騰漏之穴敗棺之藏也
（此承上言支骨之中固為氣之所隨而
流行矣然而不聚不止則又不可以塟
也氣乘風則散界水則止故支骨之間
受凹風之射則不聚無外水之界則不

廿七戈	卅六戈	四十五戈
五十四戈	六十九戈	
坤	十戈	十九戈
廿八戈	卅七戈	四十六戈
五十五戈	七十戈	
坎	二戈	十一戈
廿戈	廿九戈	卅八戈
四十七戈	五十六戈	六十五戈
離	三戈	十二戈
廿一戈	三十戈	卅九戈
四十八戈	五十七戈	六十六戈
艮	四戈	十三戈
廿二戈	卅一戈	四十戈
四十九戈	五十八戈	六十七戈
兌	五戈	十四戈
廿三戈	卅二戈	四十一戈
五十戈	五十九戈	六十八戈
乾	六戈	十五戈

止惟無風有界生氣始止聚也夫求生氣在觀風水故謂之風水也得水為上藏風次之上與次猶志至氣次也外氣水也外無水界則內氣散于地中既無水蔭生氣不蓄此骨之所以易腐也噫氣風也受凹風吹則生氣散于飄風寒冷而棺易敗也　問生氣何以乘風則散曰生氣溫煖風氣寒能散其溫煖生氣潤澤風氣燥能散其潤澤此所以散也蓋生氣乃天地之和氣風乃天地不

卌戊　丗戊　罒戊
幸戊　卒戊　卒戊
右毎年本命ニ當ル
方位ナリ其方ニ當
ル年ノ人ハ万事慎
ムヘシ別ノ中央ニ
アタレハ諸方共ニ
造作緣談望ヿ都テ
大凶ナリ方位配分
ノ本命ハ其方位ノ
ミ慎ミ外ノ方ハ障
ナシト可知又月ノ
本命ハ第一ノ慎ナ
レ𪜈年々操リ方違
テ此所ニ述カタケ
レハ別ニ綴鏡ト云
モノニ委ク著ス月
ノ本命年月ノ紫白

和之氣故不相宜凡山巒受凹風射處
其土石鬆散其草木焦枯尤其可見者
也
◉見地法　其土地高而水深草鬱木
茂者其土地美而富貴上等地局也
○山之不可葬者五氣以生和而童山
不可葬也氣因形來而斷山不可葬也
氣因土行而石山不可葬也氣以勢止
而過山不可葬也氣以龍會而獨山不
可葬也經曰童斷石過獨生新凶而消

日時ノ吉凶明白ニ撰ヤスクシテ出セハ茲ニ畧ス
天道神共ニ天徳月徳ニ徳合ノ方位大吉也月空ハ月内陰辰之吉慶ノ方各福徳神也天道天徳ニ次テ土取吉ナリ生氣ハ月中極福神修造動土吉也是又土取ニ良吉ノ神ナリ則左ニ月々配當ヲ記ス

●正月

天道 南

天徳 丁

巳福

占山之法以勢為難而形次之方又次之勢如萬馬自天而下其塟王者勢如巨浪重嶺疊嶂千乘之塟勢如降龍水遶雲從爵祿三公勢如重屋茂草喬木開府建國勢如驚蛇曲屈徐斜滅國亡家勢如戈矛兵死刑内勢如流水生人皆鬼勢者龍法也形者穴星也方位者天星理氣也勢難者太龍大幹備盡貴體世所難求而龍之行度長遠尊貴者

月德	丙
生氣	子癸
天德合	壬
月德合	辛
月空	壬
●二月	
天道	坤
天德	坤
月德	甲
生氣	丑艮
天德合	巳
月德合	巳
月空	庚
●三月	
天道	北
天德	壬
月德	壬
生氣	寅甲

始能發大福大貴蔭世久遠故以為難得也古人云富貴在龍身若穴星之美者小地多有之但無好龍故為小地耳形次之者有好龍便要有好穴若穴星不美亦必有不足處古人所謂行得好不如立得好也方位之用所以曲成形勢之吉故又次之勢如萬馬者萬山齊擁而來也如巨浪者帳幙一重又一重也如降龍者龍勢大矯護從周密也如重屋者護衛多而門戶深遠也如驚蛇

天徳合	丁
月徳合	丁
月空	丙
●四月	
天道	西
天徳	辛
月徳	庚
生氣	卯乙
天徳合	丙
月徳合	乙
月空	甲
●五月	
天道	乾
天徳	乾
月徳	丙
生氣	辰巽
天徳合	
月徳合	辛

者孤山疾走也戈矛者硬瘦尖直也如流水者自上趨落伏而不能起也勢之美惡不同故應之吉凶亦異也然此亦言龍法之大略觸類而通可也形如植冠永昌且歡形如其巔伏釜可富形如負扆有巃中峙法塟其正王候崛起形如燕巢法塟其凹脉十分茅形如側罍後岡遠來前應曲回九棘三槐形如仰刀凶禍伏逃形如臥劒誅夷僭逼形如横几子滅孫死形如覆舟女病男困形

月空 壬
●六月
天道 東
天德 甲
月德 甲
生氣 巳丙
天德合 巳
月德合 巳
月空 庚
●七月
天道 北
天德 癸
月德 壬
生氣 午丁
天德合 戌
月德合 丁
月空 丙
●八月

如灰袋災舎焚倉形如投算百事昏亂
形如亂衣妬女淫妻夫牛臥馬馳鸞舞
鳳飛騰蛇委蛇黿鼉魚鱉以水別之牛
富鳳貴騰蛇凶危形類百動埜皆非宜
同應朝案法同忌之(如植冠者古人之
冠兩邊曲抱中心突起即窩中突也形
如伏釜突穴也如負扆者後列屛帳屛
丁聳起貴人結穴也如燕窠者横水腰
間出脉上平下峻若梁上燕窠也如側
壘者窩穴也如刀劒者直硬倒木也横

天道	艮
天德	艮
月德	庚
生氣	未坤
天德合	
月德合	乙
月空	甲
●九月	
天道	南
天德	丙
月德	丙
生氣	卯庚
天德合	辛
月德合	辛
月空	壬
●十月	
天道	東
天德	乙

凡死土也覆舟飽金也灰袋者頑飽而又虛浮也投算衆山亂雜也亂衣卽撇裙舞袖也下段牛馬等類皆形類動物者也形類類四句總言結穴之山宜止靜尊重不宜浮動飄走或象物器或類禽獸者皆忌動故曰形類百動塟皆非宜然不特主山忌動凡局中之山皆要朝拱止靜大忌走竄故曰法同忌之云夫宅與塟以左為青龍右為白虎前為朱雀後為玄武玄武垂頭朱雀翔舞青

月德	甲
生氣	酉辛
天德合	庚
月德合	己
月空	庚
●十一月	
天道	巽
天德	巽
月德	壬
生氣	戌乾
天德合	
月德合	丁
月空	丙
●十二月	
天道	酉
天德	庚
月德	庚
生氣	亥壬

龍蛇蜒白虎馴頫形勢反此法當破死故虎蹲謂之銜尸龍踞謂之嫉主玄武不垂頭者拒尸朱雀不翔舞者騰去此干龍穴之後論砂水也垂頭者自山頂漸漸低落至結穴之處平夷如掌也若叫瀉壁立則不垂頭矣翔舞者案山之左右兩角擲抱向前若鳥飛之兩翼也若反背獵走則不翔舞矣蛇蜒委曲擲穴也若昂頭起頂則嫉主矣馴頫低伏衛穴也若破面高聳則啣尸矣此四勢

天德合　乙
月德合　巳
月空　甲

○宅ノ為メニ地ヲ開クニ臨ミ其地ノ旧理ヲ能々考察スベシ先ヅ藪林或ハ大樹ヲ伐テ開キタル地ノ土ハ木ニ克セラレテ疲衰ヘタル地勢ナルカ故ニ住居ヲナスモノ禍害多ク病難絶ヘズ右様ノ地ハ伐去リタル樹ノ根ヲ残シ置カザル様ニスベシ木ノ根残レハ木克土ノ害アリ総テ

吉凶之大畧也

○夫郷市之間見有凶機大而徙居小而修補則又不可不盡人事也何為地運推移如黄河背南而抱北故古之豪傑也産於北後移之南今則南盛而北衰矣何為天氣轉徙如洛陽一間杜鵑便知南人作相矣觀此二者則天氣從地地運應天見其一而可知其一者也何為天氣動而人為應如秦大史占金陵有天子氣乃疏動秦淮以泄之不

大樹ノ跡ノ土ハ灰ノ如クニテ地勢ナシ如此土ハ速ニ取去リ生土ヲ以テ補フ所其甲斐ナシ社地寺院戦ノ跡等ハ忌嫌フト雖モ其旧地一構ヘノ所ヲ總体忌ニハ非ズ諸堂諸社或ハ塔塚ナド有シ跡ハ各旧靈ノ氣ヲ布キ陰氣ノ克強ク五行ノ循環ヲ犯シ土氣化セザルノ地ナリ故ニ此ニ住居ヲナストキハ種々災祟ヲ受ケ病難多クシ且又田圃水

知秦淮一疏之後而江南始有建都之事此天氣動而人為應之也何為人為動而天氣從始元史占艮嶽不去則宋之旺氣不絶一去而航海之舟遂覆艮嶽之築與去皆人為也此人為動而天氣從之也故夫地之山崩水決人之疏鑿堆培莫非吉凶之先兆而先賢因有滅火坑洗馬池之擧握造化之微權又莫非神明於三才相應之機而得之者富貴貧賤在水神水是山家血脉精山

場等ヲ忌嫌フハ此等ノ地ハ勢氣疲ヘテ陰氣ノ職ヲ布キ住人ニ災ヲナス所ナリ右様ノ地面ニ臨ミテハ地中ニ埋レモノ丶有無ヲ能々改メ其後宅地ノ縦横長短ニ拘ラス宅ノ地形一抔ノ地ヲ竪横七通リ乃チ七々四十九局ニ割リ是ニ暦法ニ用ユル所ノ十二直ノ文字ヲ図ノ如ク移シ入レ凶字ニ當ル局ノ地面ハ各々三鍬半ヅヽ堀リ取テ其

静水動晝夜定水主財禄山主人（此結上文言水之當重也富貴貧賤盡係乎水則水可不合度乎蓋山為地之神氣水為山之血脉非血脉則無以養神氣故水尤重也況山静水動動者應速故水先急也水主財禄句申言富貴在水句以水主財禄之故也大凡水局明堂吉者發財龍穴肥滿克足者發丁水法不合度明堂傾泄者貧窮龍穴瘦削者人丁稀少觀乎此則擇地者當于其家

跡ヘ生氣ノ方清淨ナル土ヲ納メ鋪クトキハ如何ナル地面ニテモ土氣ノ煞害ヲ除クナリ又生土トハ歳德天道天德月德生氣ノ方ノ土ナリ

之不ㇾ足ラ而知ルㇾ所ㇾ先スル也

前

破	執	定	平	滿	除	建
除	建	閉	開	收	成	危
成	危	破	執	定	平	滿
滿	除	建	心	閉	開	收
收	成	危	破	執	定	平
定	平	滿	除	建	閉	開
閉	開	收	成	危	破	執

後

地理山水風水秘録巻下終

麒麟星之傳

夫麒麟星ハ克諸凶殺ヲ壓倒シテ専幸福ヲ招ク事ヲ主ル也然共佐元直指ニ著ル如ク麒麟星ト云𪜈天徳或ハ月徳ノ在座ニ同宮不成ハ獨麟ニシテ其徳全カラズ又天月ノ二徳モ麒麟星ト同方ニ不相合ハ孤徳ニメ福スル事不能天徳又ハ月徳ノ在所ニ麒麟星巡到而同座スルコソ至極吉方ナレ此方位ニ向テ移徙或ハ造作等ヲ成ハ災害ヲ解散シテ忽幸福吉瑞進ミ可來實ニ方位ヲ可

撰之肝要也、秘傳ト雖世人ノ爲ニ麒麟星配當之圖并ニ操法畧茲ニ顯ス、

定局

定局	麒麟星	甲年ハ辛ト戌 己年ハ癸ト丑	乙年ハ辛ト戌 庚年ハ丁ト未	丙年ハ乙ト辰 辛年ハ丁ト未	丁年ハ乙ト辰 壬年ハ亥ト壬	戊年ハ癸ト丑 癸年ハ亥ト壬
正月 丁	天飛 德宮	丁乾（戌向）	丁中（離向）	丁震（乙向・丁向）	丁坎（壬向）	丁艮（丑向）
二 坤 巳	天飛	巳兌（辛向）	巳中	巳巽（辰向）	巳坤（還宮）	巳離
三 壬	天飛	壬離	壬兌	壬中	壬巽（辰向・壬向）	壬坤（壬向）
四 辛	天飛	辛兌（辛向・還宮）	辛中（辛向）	辛巽（辰向）	辛坤	辛離
五 乾 戊	天飛	戊巽	戊坤（未向）	戊離（丁向）	戊兌	戊中
六 甲	天飛	甲艮（丑向）	甲乾（戌向）	甲中	甲震（乙向・還宮）	甲坎（癸向・壬向）
七 癸	天飛	癸乾（戌向・癸向）	癸中	癸震（乙向）	癸坎（壬向）	癸艮（丑向・壬向）
八 艮 巳	天飛	巳坤	巳離（丁向）	巳兌	巳中	巳巽
九 丙	天飛	丙兌（辛向）	丙中	丙巽（辰向）	丙坤	丙離（還宮）
十 乙	天飛	乙中	乙巽	乙坤（乙向・未向）	乙離（乙向）	乙兌
十一 巽 戊	天飛	戊兌（辛向）	戊中	戊巽（辰向・還宮）	戊坤	戊離
十二 庚	天飛	庚艮（丑向）	庚乾（戌向）	庚中	庚震（乙向）	庚坎

月德定局

月德定局	麒麟星	甲年ハ辛ト戌 己年ハ癸ト丑	乙年ハ辛ト戌 庚年ハ丁ト未	丙年ハ乙ト辰 辛年ハ丁ト未	丁年ハ乙ト辰 壬年ハ亥ト壬	戊年ハ癸ト丑 癸年ハ亥ト壬
正月 丙	月飛 德宮	丙中	丙巽	丙坤	丙離 還宮	丙兌
二 甲	月飛	甲震 還宮	甲坎	甲艮	甲乾 辛月	甲中
三 壬	月飛	壬離	壬兌 辛月	壬中	壬巽 辰月 壬月	壬坤 壬月
四 庚	月飛	庚乾 戌月	庚中	庚震 乙月	庚坎 壬月	庚艮 丑月
五 丙	月飛	丙坤	丙離 還宮 丁月	丙兌	丙中	丙巽
六 甲	月飛	甲艮	甲乾 戌月 丑月	甲中	甲震 乙月 還宮	甲坎 癸月 壬月
七 壬	月飛	壬中	壬巽	壬坤 未月	壬離 壬月	壬兌 壬月
八 庚	月飛	庚震	庚坎	庚艮	庚乾 亥月	庚中
九 丙	月飛	丙兌 辛月	丙中	丙巽 辰月	丙坤	丙離 還宮
十 甲	月飛	甲中	甲震 還宮	甲坎	甲艮	甲乾
十一 壬	月飛	壬坤	壬離 丁月	壬兌	壬中 壬月	壬巽 壬月
十二 庚	月飛	庚艮 丑月	庚乾 戌月	庚中	庚震 乙月	庚坎 癸月

麒麟星甲ノ年乙ノ年ハ辛ト戌戊ノ年己ノ年ハ癸ト丑余ハ准之

又天德ハ正月ハ丁二月ハ坤巳三月ハ壬又月德ハ正月ハ丙

二月甲三月壬前圖如配當准可知
麟二德同宮選譬乙亥年正月戊寅當則戊寅
中央居乾巳卯兑庚辰艮辛己離壬午坎癸未
坤甲申震乙酉巽丙戌又寅月艮宮配辛己中
央居乾壬午兑癸未艮甲申離乙酉坎丙戌坤
丁亥震戊子巽己丑如斯二順配當乙年麒麟
星辛戌成見之艮辛有二德不到獨麟也又正
月天德丁坤有麟不巡孤德也又正月月德丙
坎巽有麟戌又坎巽有月德同宮則麒麟星吉
方是也余准之可選

司天館藏版

明治廿七年七月十三日印刷
仝　　年七月十八日發行
仝　廿八年七月十五日増訂再版印刷
仝　　年七月十七日増訂再版發行

明治廿八年六月廿日中巻發行
明治廿八年七月三日下巻發行

發行者　大阪市東區備後町四丁目七十三番屋敷　泉谷卯之助

製本發賣所　大阪心齋橋通り備後町南へ入　小谷卯三郎

印刷者　仝　東區博労町四丁目百三十七番邸　後藤庄兵衛

賣捌者　仝　西區京町堀通り五丁目　平野藤七

仝　仝　西區新町通り井戸辻西へ入　庄司吉次郎

上巻　版權所有　下巻

解　題

大宮司朗

『風水秘録』は文化十二年（一八一五）に大阪の五星堂より刊行されたが、その後、明治二十八年（一八九四）に同じく大阪の司天館より増訂版が刊行された。本復刻版においては明治増訂版を底本とした。

著者西岡玉全については、文化十二年の五星堂版の表紙裏に「皇都苗村先生口授　同西岡玉全翁著」とあることから、京都に住していたことを知るのみで、来歴等は不明である。著書としては他に『家相方位三才精義』（文化十二年）がある。

苗村先生とは『三才発秘鈔要』（文化二年・一八〇五）『相宅小鑑』（享和元年・一八〇一）の著書で知られる京都の家相家・苗村三畝と推認される。苗村は『黄帝宅経』を刊行している。

『黄帝宅経』は、『道蔵』や清代に編纂された『古今図書集成』等にも収録されている風水に関する最も古い文献の一つである。苗村はこれに返り点や送り仮名を付し刊行したのである。江戸時代の家相文献に『黄帝宅経』がしばしば引用されることから、かなり影響力があったことが知られる。

ただし江戸期に独自の発展をとげた家相説には、風水思想の影響は部分的に確認されるが、霊的地勢学としてのコアな風水説を追求したのは、苗村三畝とその弟子の西岡玉全のみであり、本書こそはその貴重な所産である。本書成立の経緯については自序に記されているが、草書連綿体で組まれているため、各位におかれては判読が困難かと思われるので、ここに全文を掲げておく。

本書の由来について、玉全は自序に次のように述べる。

「夫（それ）、人の富貴福沢あるは、天道の法、地霊のなせる所なり。しかあるに富（とめ）る有（あり）、貧きあり、貴きあり、賤き有。そは天道に逆ひ、地霊に悖（もと）るによるものか。天にさかふは、君父に不忠孝をいひ、地に悖るは世人に背くをいふ也。上を敬ひ下を憐みてこそ、天地に順（したが）ふとはいふなれ。

しかありて、地理の好穴を選、居を卜する時は、福寿ともに全るべし。たとひ風水の理は得たりとも、其身正しからずして、富貴を得んといはば、木に縁（より）て魚を求るに異ならず。

抑（そもそも）、風水の法は龍・穴・砂・水の四つの外、秘伝なし。其術は反・抱・起・伏のよつに有（ある）のみ。清（しん）の九升先生この義を詳（つまびらか）にし、古代伝来の秘法を発し、数（あまた）の巻を著し、山法地理全書と呼べり。

先師苗村老人、此書を愛玩して、世に弘くせんことを欲する半途に空しく成玉ふ。予其志を継まくおもへども、彼書広博にして、朝夕に解する不能。纔（わずか）に其要をのみさぐり、九牛の一毛を祓、此小冊を著述し、風水秘録と号（ごうす）。そもそも此術をもて世人を救んとならば、陰徳をもはらにして、名利を求る術とすることなかれ。予、元来、文才なければ、択する所抵悟（ていご）多らむ。後の好士、正し玉へ」

天地の法に従い、よき土地を選んで住居すれば、寿福を得ることができる。その土地を選ぶ風水の理には、龍・穴・砂・水の四つの他に秘伝はなく、その術は反・抱・起・伏にある。清の九升先生は『山法地理全書』と称する書を著し、その詳細を明らかにした。先師、苗村老人はこの書を深く愛で、広く世に紹介せんと志すも、その志半ばで逝ってしまわれた。自分はその志を継ごうと思ったが、この書物はきわめて広範囲に及ぶ該博な知識に支えられたもので、一朝一夕にこれを解することは困難であり、その要点のみを纏めて一冊とし、『風水秘録』と名付けたというのである。ちなみに九升先生こと葉九升は、明代の王徹瑩、趙九峰とならぶいわゆる三合派風水術の大家である。

本文は漢文であるが、返り点、送り仮名、振り仮名が付され、さらに頭注も付されている。先に述べたように、日本においては家相学が独自の発展を遂げる一方、近年に至るも伝統風水に関する系統的な紹介はほとんどなく、本書は今なお貴重な価値を持つといえよう。

地理山水 風水秘録

定価：本体一〇、〇〇〇円＋税

明治二十八年七月十八日　初版発行
平成十九年八月十日　復刻版発行

著者　西岡玉全

発行所　八幡書店
〒141-0021
東京都品川区上大崎二丁目十三番三十五号
ニューフジビル2F
振替　〇〇一八〇—一—九五一七四
電話　〇三（三四四二）八一二九

印刷／互恵印刷　製本／難波製本

ISBN978-4-89350-649-8 C0014 ¥10000E